民族之魂

知彼知己

陈志宏◎编著

延边大学出版社

图书在版编目（CIP）数据

知彼知己 / 陈志宏编著 . -- 延吉 : 延边大学出版
社 , 2018.4（2023.3 重印）
（民族之魂 / 姜永凯主编）
ISBN 978-7-5688-4503-8

Ⅰ . ①知… Ⅱ . ①陈… Ⅲ . ①品德教育—中国—青少
年读物 Ⅳ . ① D432.62

中国版本图书馆 CIP 数据核字（2018）第 069539 号

知彼知己

————————————————————————————————

编　　　著：陈志宏
丛 书 主 编：姜永凯
责 任 编 辑：孙淑芹
封 面 设 计：映像视觉
出 版 发 行：延边大学出版社
社　　　址：吉林省延吉市公园路 977 号　　邮编：133002
网　　　址：http://www.ydcbs.com　　E-mail：ydcbs@ydcbs.com
电　　　话：0433-2732435　　　　传真：0433-2732434
发行部电话：0433-2732442　　　　传真：0433-2733056
印　　　刷：三河市同力彩印有限公司
开　　　本：640×920 毫米　　　1/16
印　　　张：8　　　　　　　　字数：90 千字
版　　　次：2018 年 4 月第 1 版
印　　　次：2023 年 3 月第 2 次印刷
ISBN 978-7-5688-4503-8
————————————————————————————————

定价：38.00 元

人有灵魂，国有国魂；一个民族，也有民族魂。

鲁迅先生曾经说过："唯有民魂是值得宝贵的，唯有他发扬起来，中国才有真进步。"

鲁迅先生以笔代戈，战斗一生，曾被誉为"民族魂"。

民族魂，顾名思义，就是一个民族的灵魂！民族魂，是一个民族的精髓，体现了一种民族的精神，是一个民族生存和存在的精神支柱。

什么是中华民族的民族魂？那就是中华民族精神！它是中华民族凝聚力的理念核心，是中华文明传承的基因。它包含热烈而坚定的爱国情感，对生活的美好愿望和追求，为目标努力奋斗的拼搏毅力，为正义事业不惜牺牲自己的精神，以及正确的人生观和价值观。

前 言

翻开浩瀚的中国历史长卷，我们可以看到数不胜数的，体现民族精神和民族魂的英雄人物和可歌可泣的感人故事。

民族魂，不仅体现在爱国主义精神和行动中，而且体现在各个领域自强不息的民族奋斗中。而中华民族精神的力量，更是深深植根于延绵几千年的传统文化之中，始终是维系中华各族人民共同生活的纽带，是支撑中华民族生存和发展的精神支柱，是不断推动中华民族前进的强大动力。

民族魂体现在"重大义，轻生死"的生死观中；民族魂体现在"国家兴亡，匹夫有责"的使命感中；民族魂体现在"我以我血荐轩辕"的大无畏精神中；民族魂体现在将国家利益置于最高的爱国情怀中！

　　纵观中华五千年文明史，曾经有多少杰出的政治家、军事家、思想家、文学家、科学家、艺术家；曾经有多少忧国忧民、鞠躬尽瘁的仁人志士；曾经有多少抗击外敌、英勇献身的民族英雄。他们或顺应历史潮流，积极改革弊政，励精图治，治国安邦，施利于民；或为人类进步而不断进行着农业、工业、科技、社会等各种创新；或开发和改造河山，不断创造着灿烂的中华文明；或英勇反击外来侵略，捍卫着国家主权和民族尊严；或坚决反对民族分裂，维护国家的统一……他们从不同的侧面，体现了中华民族的民族魂，谱写了几千年中华文明的壮丽诗篇，铸造了中华民族高尚而坚不可摧的"民族之魂"。

　　民族魂，就是爱国魂。从屈原在汨罗江边高唱的《离骚》，到文天祥大义凛然赴死前的"人生自古谁无死，留取丹心照汗青"的诗句；从岳飞的岳家军抗击入侵金兵，到郑成功收复台湾；从血雨腥风的鸦片战争，到硝烟弥漫的十四年抗战，再到抗美援朝的隆隆炮声……哪个为国捐躯的英雄不是可歌可泣的？

　　民族魂，就是奋斗魂。从勾践卧薪尝胆，到司马迁秉笔直书巨著《史记》；从鉴真东渡传播佛法终在第六次成功，到詹天佑自力更生建铁路；从袁隆平百次实验成为"水稻之父"，到屠呦呦的青蒿素获得诺贝尔奖……哪个不是历经艰难，最终取得成功？

　　民族魂，就是改革献身魂。从管仲改革到商鞅变法；从王安石变法到百日维新……哪次变法图强不是要冲破

民族之魂

旧势力的阻挠，或流血牺牲？

民族魂，就是创新魂。古有毕昇发明活字印刷，今有王选计算机照排；古有指南针、造纸术、火药、浑天仪、地动仪的发明，今有神舟号的相继飞天……哪个不是中华民族的智慧结晶？

自古以来，多少仁人志士为了维护人格的尊严和民族气节，以生命为代价！留下了"玉可碎不可污其白，竹可断不可毁其节"的称颂；有多少英雄豪杰，为理想和事业奋斗，面对死亡的威胁，大义凛然；有多少爱国壮士面对侵犯祖国的列强，挺身而出而献出生命。

伟大的中华民族孕育了五千年的辉煌，五千年的历史留下了璀璨的中华文明。

前 言

中国人的血脉流淌着顽强不屈的精神！我们的先辈用血汗和生命铸就了不朽的中华民族魂！换得如今中华大地的一片祥和安宁，换得我们现在的幸福生活。如今，我们要实现习近平主席提出的中国梦，依然需要我们秉承祖辈留下的这种"民族魂"。

青少年是国家的希望，亦是民族的未来。因此，爱国主义教育和励志图强教育要从青少年开始。为了增强对青少年的民族精魂和志向教育，我们精心编写了本套丛书——《民族之魂》丛书。

本套丛书将我国有史以来体现民族精神和民族魂的典型事迹，以通俗易懂的语言故事形式展现出来，适合青少年的阅读水平和欣赏角度。书中提供的人物和事件等故事，涉及社会的各个方面，有利于青少年学习和理解，使读者能全方位地领悟中华民族精神。

为了帮助读者更好地理解和吸收故事的精神，编者在每篇故事后还给出了"心灵感悟"，旨在使故事更能贴近现实社会，让读者结合自身的需要学习领会，引发读者更深入的思考。

希望读者们可以从本套图书中获得教益，通过阅读，真正体会到中华民族之魂所在，同时能汲取其精华，不断提升自己各方面的素质和品格，为祖国新时代的建设和发展做出努力。

全套丛书分类编排，内容详尽，风格独具，是广大读者尤其是青少年爱国励志教育的优秀阅读材料。相信本套丛书一定可以成为青少年朋友的良师益友。

民族之魂

导言

    中华民族是一个充满智慧的民族，"智"在中国历史的传承中发挥着重要的作用。在儒家的伦理中，智不仅是"五常"之一，而且是"三达德"之首。先贤们认为，只有"智"才能树立正确的道德认识，坚定正确的道德观念，选择正确的道德行为。先贤把高尚的人分为两类：一为"仁者"，二为"智者"。中国自古多"智者"，"智者"对于权力、政治、社会、人生的识悟，不仅集中体现了中华民族文化的精髓，对于今人也是不可或缺的精神财富。智者在对具体事物的策划和谋划中，处处浸透着中国人的思想、观念、情感。中国数千年的发展史，一定程度上在于智者智慧的驱动。

    我国古代军事智慧绝妙而高超，《孙子兵法》和《孙膑兵法》两部军事名著集兵家智慧之大成，为世界各国军事家们推崇。这两部闪耀着智慧光辉的兵书之精髓，归根结底就是"以智取胜"。军事谋略说到底还是人的智慧，它奥妙无穷，变化莫测，可以活学活用。我们应当把它当作一种优秀的传统美德加以继承发扬。

    世界是个险象环生的大舞台，我们需要智慧做向导而少走弯路。

孔子有言："仁者不忧，知者不惑，勇者不惧。"智的一个重要方面就是识利害、通变化，它要求人们能见于未萌，见微知著，对事物的发展变化作出正确的预测，进而作出正确的决断，趋利避害。我们要做生活的智者，善于思考，深谋远虑，这样，我们才可以预知世事，尽量避免灾祸，使棘手问题迎刃而解。虽然古人所讲的是非、善恶、利害具有明显的时代性和阶级性，但是，他们强调的明是非、辨善恶、识利害却具有永恒的价值，依然是今人应具备的才能。

本书收集了我国历史上一些体现智慧处世的经典事例，对智慧的内涵进行了更深刻的阐述，使读者在阅读故事的同时受到教育和启迪。纵观古今，智者何止百例，古代智者们高妙的观念和成功的经验是我们后人学习和借鉴的榜样。本书共分三篇，从不同方面阐述了智慧的精神，使读者从中了解其真谛，以对自己今后的生活、学业、工作、为人处世等方面有所帮助。

目录

CONTENTS

第一篇

以智制胜

公子突以智取胜

郑厉公（？ —前673），姓姬名突，郑庄公次子。中国春秋时代
郑国君主（公元前701至前697年及公元前680至前673年在位），期
间流亡达17年。

春秋时期，周王朝逐步由强变弱，诸侯国各自为政，互相征伐，周
天子有虚名而无实权。当时的郑国，势力渐渐强大起来，便很想在中原
一带有所作为，以进一步提高在诸侯中的地位。但北方戎人的不断侵
扰，是郑国发展的巨大障碍。

当时，在今河北卢龙和山西交城、平陆一带，居住着许多少数民
族，他们被统称为戎人。戎人士兵以步兵为主，平时按部落训练，战时
集中兵力，机动灵活，常常侵犯中原，数量虽不多，但作战勇猛。

而郑国邻近戎人的部落，因此也成了他们经常侵入的地方。因此，
郑国郑庄公很是头疼：如不平定戎人之乱，就无法增强国力，向前发展；
而要与戎人作战，又无克敌的良策。

这一年，戎人又一次大举进攻郑国。郑庄公想派兵前去抵抗，又担
心难于取胜。公子突问父亲："父亲为何迟疑不决？"

郑庄公说:"两军交锋,我们的战车虽攻守兼备,但远不如戎人步兵灵活,如何退敌?"

公子突听后,便献计说:"戎人有勇无谋,军队未经正规训练,且军纪不严,可以智取。我们先派少量勇士作为诱饵,边打边退,而我们事先设下三道伏兵等待他们。戎人的品性我十分了解,他们轻率而不严整,贪得无厌而不讲配合。打胜仗必然争名夺利,各不相让;打败仗就各奔东西,互不相救。戎军见我军后退,前面的人为抢财物和俘虏,必然贸然前进,遇到我们的伏兵,他们定会迅速奔逃,而后面的人也不会救援。他们首尾各不相顾,我们乘势进行围剿,定可全歼他们。如此一来,我们多年的心头之患就解除了。"

郑庄公认为公子突言之有理,便采纳了他的计策,并委派大夫祝聃依计行事。

郑军的小股部队遇见戎人的部队时,稍一接触即伪装不敌而"败退",并故意遗留下大量的武器及军用物资,戎人军队见状,便争抢物资和俘虏。当戎人军队被引入第二道埋伏地点时,祝聃领大军似从天而降,将其分割成两段。

由于遭遇突然袭击,戎人损失惨重,溃不成军。前面的部分敌军拼死冲过第二道伏兵阵地,但无论如何也逃不过前面的第三道埋伏。而后面的戎人军队,正如公子突所料,遇到伏兵就不顾前面的部队,拼命后撤,企图逃命,但事先埋伏好的第一道伏兵又把他们团团围住。

由于被分割成两段,戎人部队前后不能照应,加上郑国军队前后夹击,使戎人部队机动性优势无从发挥。而郑国军队战车的强大优势却得以充分发挥,不但轻松抵御了戎人步兵的冲击,而且攻击敌军如摧枯拉朽,结果戎人全军覆没。

公子突的妙计使郑国一举消灭了长期困扰后方的戎人，郑国开始向外发展和扩充势力，不久便成为春秋初期一个强大的诸侯国。

■故事感悟

知己知彼，百战百胜。公子突深知敌人的弱点，并且成功地利用了敌人的这一弱点，设计打败了敌人，解除了郑国图霸中原的后顾之忧。面对强大的敌人硬拼是不行的，智者会以智取胜，起到事半功倍的效果。

■史海撷英

郑厉公勤王

春秋战国时期，国君郑厉公流亡多年后终于回到了自己的国家。复位后他首先考虑的问题是如何迅速恢复郑国的威望，振兴国家。而"挟天子以令诸侯"无疑是实现这一梦想的捷径。

公元前675年，周国王宫发生内乱，周庄王庶子子颓在几个亲信大臣的怂恿支持下，发动了宫廷政变，把执政天子周惠王赶出了京城，自己取而代之。

郑厉公非常同情落难的周惠王，因为他深知遭人暗算的滋味。

当时的郑厉公虽然没什么经验，也没什么名气，但他的志向很大，一直想要重振父辈雄风。郑厉公认为周国发生的变故是一个天赐良机，他一定要抓住这个机会，拥戴周惠王重振雄风。

为确保行动成功，郑厉公制订了几套方案。

外交途径兵不血刃，自然是首选。他首先出面调停王室矛盾，好言劝说子颓以大局为重，把王位还给周惠王。但子颓对他的劝言不屑一顾，断然拒绝。此举未达目的，很多人认为会伤自尊，但这早在雄才大略的郑厉公预料之中。

第二年春天，郑厉公向子颓强势摊牌，先抓了子颓的雇佣军头领南燕国君仲父，后又将周惠王迎到栎这个地方（现在的禹州市境内）供养起来，还特意将王室的器皿用具也弄来，供周惠王享用。

这年冬天，篡位后的子颓自以为大功告成，大摆宴席，款待帮他造反的五位大夫。郑厉公知道后，极端愤恨，也更坚定了用武力推翻子颓的决心。他找到虢君说："虢君啊，人人都知道天意、人心不可违。你看子颓昼夜歌舞不知疲倦，只顾取乐，他篡夺天子的位子又不理朝政，这难道不是国家最大的祸患吗？我们为什么不让天子复位呢？"

虢君听了不住点头道："这也正是我的愿望啊！"

公元前673年春，郑厉公和虢君约定在弭（现在的新密市境内）秘密商议，用武力讨伐子颓。郑厉公护卫周惠王从城南门攻入，虢君则从北门攻入。

腹背受敌的子颓和五位大夫逃命不及，全都被杀了。周惠王在郑厉公和虢君的拥戴下，重新登上天子之位。

■文苑拾萃

诗经·郑风·风雨

风雨凄凄，鸡鸣喈喈。

既见君子，云胡不夷？

风雨潇潇，鸡鸣胶胶。

既见君子，云胡不瘳？

风雨如晦，鸡鸣不已。

既见君子，云胡不喜？

叔詹开"空城计"先河

叔詹（？—前630），春秋时期郑国公子，郑文公的弟弟。公元前638年，叔詹见楚成王，认为楚成王会不得善终。晋国公子重耳流落到郑国，郑文公不加礼遇。叔詹劝郑文公善待公子重耳，郑文公不听。叔詹说，那就杀了重耳，以免成为郑国的后患，郑文公还是不听。后来，重耳果真继承王位，兵临郑国门下，叔詹以性命换得重耳退兵，保住了郑国。叔詹与当朝大臣都叔、师叔被史学家称为"郑国三良"。

"空城计"是著名的三十六计之一，是一种心理战术，不但用于战争中，还被广泛地运用到社会生活中。在古典名著《三国演义》中，守着一座空城的诸葛亮就用这种心理战术，智退了司马懿围城的重兵。然而，有专家考证认为，诸葛亮的"空城计"只是文学家的艺术虚构，历史上发生过真正的"空城计"，最早的出自新郑。

春秋早期，楚国国君楚文王死后，其弟公子元当上了令尹（相当于宰相）。公子元见嫂嫂文夫人颇有姿色，就动了非分之念。公子元千方百计讨文夫人喜欢，还特意在楚王宫旁建造舞厅，整日里摇铃跳舞，想以此来取悦文夫人。然而，公子元的举动却让文夫人很反感，认为公子元无所作为，不知道用兵扩大疆土。这话传到公子元的耳朵里，公子元被激怒了，他决定出兵建立功业，来证明自己并非"窝囊废"，以博取文夫人的欢心。

公元前666年，公子元率领600辆战车，浩浩荡荡杀往郑国。楚军一路势如破竹，直逼郑国都城下，郑国一时间岌岌可危。

当时，郑国朝野一片惊慌，出现了几种意见。有的大臣认为郑国是小国，兵少将寡，难以抵挡楚国的数万大军，主张开门请降；有的大臣建议拼死一战；有的大臣则认为应当固守待援。文武群臣七嘴八舌，谁也没有万全之策。执政大臣叔詹急中生智，他站出来冷静地分析说："大家不要慌乱！我们如果拼死一战，无疑是以卵击石；请降就等于自取灭亡；固守等待救援已经来不及了；逃奔外地也走不出去。公子元伐郑，只是想邀功争名，讨得文夫人欢心，因此他求胜心切，最害怕失败。这就决定了楚军的行动必然是谨小慎微，不敢冒什么风险。大家听我的安排，我自有退敌之计！"

当下，叔詹在都城内做出周密的安排：他命令士兵全部埋伏起来，不让城头见到一兵一卒；命令国都内的店铺照常营业，百姓往来如常，不许有任何惊慌失措的表现。一切安排妥当后，叔詹又下令城门大开，放下吊桥，摆出一副好像没有战事发生的样子。

在此情况下，楚军畅通无阻地进入郑国都城，一直到达贵族和国君居住的内城下，也没遭到任何抵抗。见此情景，楚军主帅公子元感到十分奇怪，他登上高处向内城眺望，隐约看到城内有旌旗甲士埋伏，走近城门往里细看，一切如常！

公子元被这种情形"镇"住了。他想：郑国有叔詹、都叔、师叔三位有名的良臣，人称"郑国三良"，现在他们的葫芦里不知卖的是什么药。楚军如果贸然进城招致失败，自己不但讨不到嫂嫂的欢心，还会丢人现眼。

正在犹豫之际，公子元得到情报说，齐国已联合宋国发兵前来救援郑国。公子元害怕腹背受敌造成惨败，于是自我解嘲地对手下将士们说："我们已经攻破了郑国国都的外城，这说明我们已经取得胜利了！"

随后，公子元下令按兵不动。到了夜晚，他命令楚军口衔枚、马裹蹄，悄无声息地撤走了。离开郑国边境后，公子元命令楚军鼓乐大作，回国邀功去了。

次日一大早，叔詹同几位大夫登城巡视，只见楚军营帐如云，旌旗飘扬，刀枪林立，营寨中不时有鸟儿飞落觅食。有人认为国都依旧危在旦夕，叔詹却朗声大笑道："楚军已撤走了！"人们不信，叔詹说："楚营如有兵马，鸟儿怎敢飞落觅食？"派人前去打探，楚军果然不见一兵一卒！

这就是中国历史上第一次使用"空城计"的战例。

■**故事感悟**

用兵之法，攻心为上，攻城为下，不战而屈人之兵。中国历史上的第一次空城计实际上打的就是心理战。郑国明知不能抵挡楚国的进攻，却让自己城门大开，假作真时真亦假，就是为了迷惑对方。表面上郑国处于守势，实则是在心理上进攻楚军。叔詹的"空城计"开历史之先河，不愧是"郑国三良"之一。

■**史海撷英**

良臣叔詹

公元前637年12月，晋国王子重耳为逃避父亲宠妃的陷害，只能逃离晋国，流亡在外。途经郑国国都时，风雪交加，异常寒冷。

国君郑文公得到重耳请求入城的禀报后，对叔詹等臣僚说："重耳是因为违逆父亲、背叛国家而流亡在外的，这种不孝敬长辈的人，我们还是不要接纳吧！"

叔詹进谏说："重耳是个贤能之人，在晋国他尊重贤才，体恤百姓，众多英雄豪杰都追随他，离开晋国是因为遭人陷害，不得已而为之。对这样的人，我认为应该以礼相待。"

郑文公不以为然。叔詹进一步谏言："如果主公不能对重耳以礼相待，就请下令杀了他，不然日后一定会生出祸端！"

郑文公固执己见，说："重耳和我并无恩怨，我为什么要接纳他？又为什么非要杀了他呢？"还是不同意叔詹的建议。

就这样，重耳被拒之门外。又羞又愤之下，重耳顶风冒雪去了楚国。

公元前636年，在秦穆公的帮助下，重耳返回晋国继承王位，成为晋文公。

公元前630年，为雪洗当年在郑国遭拒之辱，晋文公联合秦穆公开始讨伐郑国。郑国岌岌可危，郑文公慌忙派使臣携带重礼出城求和。

晋文公知道叔詹是郑国的重臣，说："当年郑国对我失礼，叔詹作为大臣，没有劝说国君认清道理。如果郑国献出叔詹，我就罢兵！"

得知要把叔詹献出来当"替罪羊"，郑文公怎么能忍心！叔詹听说后，反过来劝郑文公说："主公舍弃我一人，却救了一国百姓，这不是很值得的事吗？为国尽忠是我一生中最大的愿望，就请主公把我交给晋文公吧！"

叔詹被郑文公交出后，晋文公要活烹他。叔詹手扶油锅高呼："我叔詹料事能中，是智；尽心为国，是忠；临死不惧，是勇；用生命救国，是仁。像我这样的大臣却要被烹，从今以后，做臣子的人千万不要学我啊！"

说完，叔詹就要跳下油锅。

千钧一发之际，晋文公阻止了他。后来得知当时的真相，晋文公对叔詹由痛恨转变为敬佩，恭恭敬敬地请人将叔詹送回了郑国，并心甘情愿地罢兵回国。

■文苑拾萃

诗经·郑风

野有蔓草，零露泫兮。

有美一人，清扬婉兮。

邂逅相遇，适我愿兮。

野有蔓草，零露瀼瀼。

有美一人，婉如清扬。

邂逅相遇，与子偕臧。

韩信"背水立阵"取胜

韩信(约公元前231—前196),淮阴(今江苏淮安)人。军事家,西汉开国名将,汉初三杰之一,留下许多著名战例和军事策略。韩信为汉朝立下汗马功劳,历任齐王、楚王、淮阴侯等,却也因其军事才能引起猜忌。汉高祖刘邦战胜主要对手项羽后,韩信的势力被一再削弱。最后,韩信由于被控谋反,被吕雉(即吕后)及萧何骗入宫内,处死于长乐宫钟室。

公元前204年,韩信向刘邦提出建议,向北讨伐代、赵和燕国,向东攻打齐国,然后南下,截断楚军的粮草供应,迂回包抄项羽的军队。刘邦十分赞同,并派张耳随韩信一起出征。

这年秋天,韩信带领几万人马,经过三天三夜的急行军后,驻扎在河北井陉口几十里外的山坳里。

趁将士们休息的时候,韩信把副将张耳叫到身边,向他布置了进攻代、赵的事项。之后,韩信的人马势如破竹,一举打败了代国,又向赵国进发,把部队开进了赵国的腹地。赵国已经知道韩信来袭,可赵王因国势强大,并没有把韩信放在眼里。

赵国有个善于用兵的将军叫李左车，他认为，韩信军队长途跋涉而来，井陉口是必经之地，那里道路狭窄，车马不能同时行进，连装粮草的大车也很难进来。李左车建议赵王同意自己带3万人马，等到韩信一进入井陉口，就从小路包抄过去，两头夹击，全面消灭韩信。

赵王听了哈哈大笑，指着李左车道："你怎么忘了兵书上说的'十则围之，倍则战之'的古训呢！对韩信这点微不足道的兵力，有什么可怕的？要知道，我们有20万大军呐！"

赵王没有采纳李左车建议的消息很快被韩信知道了，他十分佩服李左车的计谋，心想，将来若有机会一定拜李左车为师。

此时，张耳已把这一带的地形细细察看一番。他发现井陉口没有水源，万一被赵军围住，是坚持不了几天的。他向韩信建议，最好选个背有山、前有河的地方安营扎寨。

韩信并不理会张耳的建议，弦外有音地说："张耳将军，将士们日夜行军，已经够累了，既然已经驻扎下来，就别那么麻烦了。"

张耳还在坚持："韩将军，我对这一带地形进行了仔细的观察，咱不怕一万，只怕万一啊……"

正说着，几位副将也急忙走进大帐，一致要求韩信另换驻扎的地方，都被韩信一口回绝了。

当天夜里，韩信挑选了2000名轻骑士，命他们每人带上一面小红旗，穿过山间小道，绕到赵军的背后，埋伏在山沟里待命。

到三更天骑兵们动身之时，韩信吩咐："天亮前，赵军必定会向我们发动进攻。等他们一离开军营，你们立即冲进去，拔掉他们的旗帜，换上你们手中的小红旗。"

说完，韩信又转身命令张耳，快给轻骑兵们分发干粮，待明日打败赵军，让全军将士举行一次丰盛的会餐。见韩信这样安排，张耳摇头苦笑，心想："敌众我寡，是吉是凶，是生是死还不知道呢！"

2000名骑兵出发不久，韩信又派出一万人马，开到井陉口附近的绵蔓河东面。绵蔓河河水很深，水流湍急，韩信叫他们紧靠在河旁，背着河流立阵。

赵王知道韩信这样布阵后，十分高兴地说："韩信连这点常识都不懂，还带什么兵，打什么仗！"

背水立阵等于切断了自己的后路，只能进，不能退，此为兵法大忌。一旁的李左车却捻着胡须，默不作声。他想，韩信并不是个平庸的人，难道连最普通的兵法常识他都不懂吗？这其中一定有玄妙之处。

天刚蒙蒙亮时，韩信下令向赵国发动进攻。赵国的大将陈余等待已久，立即指挥赵军迎战。赵国依仗人多势众，连续多次发动进攻，且一次比一次更猛烈，气势如同排山倒海，把韩信的军队压得抬不起头来。韩信的部队实在招架不住，只好败下阵来。

阵地上扔满了韩信部队丢下的战马、盔甲。陈余骑在一匹黑马上高喊着："将士们，冲呀！活捉韩信，论功行赏！"

韩信似乎不想再战，带着人马一直朝后退，退到绵蔓河边，便无路可退了。

韩信纵身跃上一块矾石，大声喊道："将士们，我们如果杀不出一条血路，就会被河水淹死。反正是死，倒不如拼上去，求得生机！"

韩信的将士们，每个人都感到一股热血涌遍全身，回转头来，呐喊着冲入敌阵。

一人拼命，十人难挡，更何况万人拼命呢！直杀得赵军血肉横飞，抱头鼠窜。不一会儿，赵军便抵挡不住了，正想撤回军营。回头一看，自己的营垒上竟然出现无数面汉军的旗帜，赵军的将士们以为自己的阵地已经陷落，一下子乱了阵脚，成千上万人像无头苍蝇一般到处乱窜。

站在山头上的张耳挥着指挥旗，命令将士们两面夹击。将士们勇气倍增，争先恐后，奋勇杀敌，赵军被杀得落花流水，溃不成军。大将陈余也在混战中被乱刀砍死，李左车被韩信抓到。

韩信把李左车带到帐下，用剑割断绑在他身上的绳索，然后纳头便拜。李左车道："别耍花样了，要杀便杀，要砍便砍，随你处置！"

韩信也不多说，命人赶快准备宴席，要为李左车压惊。宴会上，韩信不断向李左车敬酒，并向他讨教破敌之计，李左车把手一摊："现在我做了你的俘虏，怎么能与你商讨破敌之计呢？"

韩信笑道："古话说得好，三人行，必有我师。在打仗上，我不如你……"

李左车一愣："怎么能看得出来？"

韩信说："当初，赵王倘若真的采纳了你的意见，我的脑袋怕早已搬家了！"

一句话把李左车说得激动起来，他连声道："韩将军过奖了，过奖了！"

韩信诚恳的态度使李左车深受感动。韩信向他请教下一步该如何行动，李左车道："容我再好好想想。"

第二天天刚亮，李左车刚刚睁眼，见韩信立在床前，等候着他出主意。

李左车慌忙站起，小声道："我想，你应该让士兵解下战衣，中止战争。"

"中止战争？"

"对，将你的人马驻扎在燕国边境，燕国也不知你在玩什么花样，其实你在养精蓄锐。然后，只要派一位使者到燕国送一封信，告诉燕王，你准备什么时候去攻打他们，燕国国主一定会吓得发抖，必然顺从你们。这样一来，旁边的齐国也会向你们投降！"

韩信立即采纳了李左车的建议，不费吹灰之力征服了燕国。

在庆功会上，张耳不解地问韩信："兵书上行军布阵，理应依山傍水，而将军却背河立阵，当时将士们心里都不服气，但结果战斗却取得了胜利，不知这是什么道理？"

韩信答道："兵书上也说：'陷之死地而后生，置之亡地而后存。'你知道，我们这支部队大多是刚招募来的新兵，缺少严格的训练，战斗意志也不够坚定。再说，我带领这支队伍时间也不长，还没真正建立起威望，不在危急关头，他们是不会听我指挥的。因此，我把部队置于危难境地，才迫使他们为了求生存而奋勇杀敌。如果在安全的地方扎营，后面有路可逃，他们一见敌军来势凶猛，肯定会争先恐后地逃跑。那样，还怎么能打仗呢？"

韩信的一番话，说得众人心服口服。

■故事感悟

用兵之道，以计为首。两军对阵之时，任何一方都害怕自己的背后突然出现敌人，令自己处于腹背受敌的处境。尤其是断敌退路之后，给敌人造成的心理恐惧感更是无法估计的。这在兵法上称之为"扼喉拊背法"。韩信敢于背水立阵，奇袭敌军阵后，对赵军形成了合围，使其陷入绝境。仅就这一点，不得不说韩信是一位军事天才。

韩信受胯下之辱

韩信出身贫贱，从小就失去了父母。他既不会经商，又不愿种地，更没有财产，只好过着穷困而备受歧视的生活，常常是吃了上顿没下顿。

韩信与当地的一个小官有些交情，于是常到这位小官家中去蹭饭吃。时间一长，小官的妻子很是反感，便有意提前吃饭，等韩信来时，饭已经被吃光了。从此，韩信再也不去这个小官家了。

为了生活，韩信只好到当地的淮河钓鱼，有位洗衣服的老太太见他没饭吃，便把自己带的饭菜分给他吃。这样一连几十天，韩信很受感动，便对老太太说："将来，我一定好好报答你。"

老太太听了很生气，说："你是个男子汉大丈夫，自己却不能养活自己。我是看你可怜，才给你一口饭吃，难道是指望你报答吗？"

韩信听了，非常惭愧，立志要做出一番事业来。

在韩信的家乡淮阴城，好多年轻人都看不起他。有一天，一个少年看到经常佩带宝剑、身材高大但穷困潦倒的韩信，认定他是个胆小鬼，便有意羞辱，于是在闹市中拦住他说："你要是有胆量，就拔剑刺我；如果是懦夫，就从我的裤裆下钻过去。"

围观的人都知道，少年是在故意找茬羞辱韩信，不知道韩信会怎样应对。

面对众多的围观者，韩信暗自思忖，一言不发，出其不意地从少年的裤裆下钻了过去。

当时在场的人都哄然大笑，都说韩信是胆小怕死、没有骨气的人。

可就是这个"胆小鬼"，后来干出了一番大事业，成为一代英豪。韩信能忍胯下之辱的典故，也一直流传到今天。

行路难（三首其二）

（唐）李白

大道如青天，我独不得出。

羞逐长安社中儿，赤鸡白雉赌梨栗。

弹剑作歌奏苦声，曳裾王门不称情。

淮阴市井笑韩信，汉朝公卿忌贾生。

君不见昔时燕家重郭隗，拥篲折节无嫌猜。

剧辛乐毅感恩分，输肝剖胆效英才。

昭王白骨萦蔓草，谁人更扫黄金台？

行路难，归去来。

群臣联手平诸吕

> 周勃（？—前169），沛县（今江苏沛县）人。秦末汉初的军事家和政治家。汉高祖刘邦认为，周勃"厚重少文"，可以托付大事，以军功高，封为绛侯。汉文帝时，拜右丞相。
>
> 灌婴（？—前176），睢阳（今河南商丘）人。汉朝开国功臣，官至太尉、丞相。吕后死后，与周勃等人消除吕家势力，拥立汉文帝即位，可谓汉初三朝元老。

公元前195年冬天，汉高祖刘邦亲率大军追剿淮南王英布及其叛军，被乱箭射中。

生命垂危之际，刘邦对皇后吕雉交代自己身后的人事安排："相国萧何去世之后，可令曹参接替。曹参去世了，让王陵继任。王陵有些愚钝，但不要紧，让陈平给他当助手。陈平这个人很聪明，却不能独当大任。"

刘邦特别提到周勃，说："周勃老成厚道，日后安定刘氏天下的，必定是他。可令他为太尉，掌管国家军队。"

刘邦去世后，吕后掌管朝政。她违背了刘邦的遗训，任命外甥吕台、吕产、吕禄为将军，让他们掌管南军、北军这两支负有拱卫京师之责的军队。自家外甥掌握了军权，吕后地位更加巩固了。

有一天，吕后召来大臣商议，欲立吕家子弟为王。她首先询问右丞相（第一丞相）王陵的意见。王陵说："先帝在时，曾经与诸大臣杀白马盟誓：'刘姓以外的人为王，天下共击之！'现在要封吕姓子弟为王，与先帝誓言不合。"

吕后听了，很不高兴，又问左丞相陈平和绛侯周勃有什么意见？

周勃说："如今您代行天子之令，封您娘家子弟为王，也没什么不可以的。"

陈平也表示赞同。吕后听后，内心非常愉悦。

退朝以后，王陵指责陈、周二人："当年与先帝盟誓时，难道你们不在场吗？今日为什么在女主的压力下违背誓言呢？百年之后，如何见先帝啊！"

陈、周二人说："在朝堂上直言进谏，我们不如您；要说保全社稷，安定刘氏后人，您就不如我们了。"不久，王陵便被吕后免了职。

为给吕氏子弟封王做铺垫，吕后先给惠帝的几个儿子封王授爵。有乖巧的大臣乘势上书，请求封吕台为王，吕后照准，从此便开了吕氏子弟称王的先例。吕台去世后，吕产、吕禄先后被封王。

吕后代行天子令7年后抱病，就在病重期间，她任命吕禄为上将军，率北军，吕产率南军。临终前，她还留下一道遗诏，任命吕产为相国。这样，汉王朝的军政大权都落在了吕姓人手中。

公元前180年，吕后病逝。不久，上将军赵王吕禄、相国梁王吕产，这两位把持着大汉军政大权的重臣，就开始谋划清洗朝中拥护刘家的大臣了。

朱虚侯刘章的妻子是吕禄的女儿，她事先知道了吕氏的阴谋，就报号给了父亲刘章。刘章紧急派人出长安，报告他的哥哥齐王刘襄，希望哥哥发兵西征，刘章自己则在朝廷联合大臣们做内应，诛杀吕氏族人，拥戴齐王为帝。

于是，齐王起兵向西进攻济南，同时写信给各诸侯王：

"高帝平定天下后，分封子弟为王，悼惠王被封在齐国。悼惠王去世，孝惠帝派留侯张良立我为齐王。孝惠帝逝世，吕后执掌朝权，听信诸吕，擅自废、立皇帝，又接连杀了刘如意、刘友、刘恢三个赵王，废除了梁、赵、燕三个刘氏封国，用来封诸吕为王，还把齐国一分为四。虽有忠臣进言劝谏，可是吕后昏乱糊涂听不进去。如今吕后逝世，皇帝还很年轻，不能治理天下，本应依靠大臣、诸侯，可是诸吕却随意提高自己的官职，聚兵率卒，增加威势，胁迫列侯、忠臣，并假传圣旨，向天下发号施令，刘氏宗庙因此濒临危境。今天，我要率兵入京，杀掉不该为王的人。"

消息传到朝廷，相国吕产等人就派颍阴侯灌婴率军迎击齐王。

他们为什么不派吕家的人，而派灌婴呢？原因有二：当时吕禄是上将军，掌握北军，吕产是相国，掌握南军，这两个人谁都不愿离开京城。另外，他俩本不是领兵之人，把守京城都战战兢兢不敢出来，何况迎击齐王！吕家实在是没有能领兵打仗的人了。之所以选派灌婴领兵迎战，是因为灌婴属于元老功臣派，他跟吕氏不是一派。

那么，吕氏为什么要重用他呢？

第一，灌婴确实是一个能征惯战的将军，最后追杀项羽的就是他，他有丰富的作战经验。

第二，也是更重要的，在惠帝执政7年、吕后称制8年这15年的时间里，灌婴从不抨击吕后，看不出任何对吕后不满的情绪。灌婴的城府很深，功臣派立场丝毫没有表现出来，竟蒙骗了诸吕，所以才把兵权交给他。

灌婴掌握兵权，就等于功臣派有了军队。这天，灌婴带领的军队到了战略要地荥阳。荥阳是河南省豫东平原和豫西丘陵山脉的一个分界点，地势险要。灌婴在这里临阵倒戈，火速联络刘襄，功臣派、皇族派两派联手，形成了共同灭吕的良好局面。

要真正除掉吕氏庞大的势力，首先要除掉双吕，因为吕禄掌管着北军，吕产掌管着南军，实际上也是他们在控制着中央政府。

吕禄、吕产想在关中发动叛乱，但在朝廷上，他们害怕绛侯、朱虚侯等大臣，在外面他们害怕齐、楚军队，又担心灌婴背叛，所以想等到灌婴与齐王交战后再起事。

由于吕产和吕禄掌握着军队，太尉绛侯周勃虽然名义上是最高军事长官，却不能进入军营主持军务。曲周侯郦商年老有病，他儿子郦寄和吕禄很要好。绛侯周勃就跟丞相陈平商议，派人挟持郦商，让他儿子郦寄前去骗吕禄。

于是，郦寄就去对吕禄说："高帝和吕后共同平定天下，刘氏有九人被立为王，吕氏有三人被立为王，这都是大臣们同意的，并已通告诸侯们，诸侯都认为这样很合适。现在太后已逝世，皇帝还年轻，而你佩戴着赵王的印，不回去守卫封国，却担任上将军率军留驻京都，大臣和诸侯们会怀疑你的用心。为什么不把将印归还给朝廷，把兵权交还给太尉呢？而且，吕王也应该归还相国印，和大臣们订立盟约，返回封国。这样齐国才会罢兵，大臣们心里踏实，您也可以高枕无忧在千里封国安心为王了，这是有利于子孙万代的好事呀。"

吕禄真的相信了他的建议，准备交出将军印，把军权还给太尉周勃。吕禄把这事告知吕产和吕家的老人们时，有的认为可行，有的认为不行，意见不一，迟疑不决。

　　吕禄和郦寄经常一起出游玩打猎，有一次，他们经过吕禄姑姑吕媭的府第，吕媭是吕后的妹妹，已死去的樊哙的老婆。吕媭对吕禄大发雷霆道："你要放弃军队，我们吕家眼看着就无容身之地了。"

　　愤怒中，吕媭把所有的珠玉宝器抛撒满地，大声喊道："再也不替别人保存这些玩意儿了。"

　　一天，代理御史大夫平阳侯曹窋与相国吕产商议事情，郎中令贾寿出使齐国刚回来，立即拜见吕产，责备说："大王你不早点去封国，现在想走，还走得成吗？"

　　接着，他就把灌婴与齐楚联合，准备诛灭诸吕的事情全部告诉了吕产，催促吕产赶快进宫。

　　曹窋听到这些话，立即跑去报告丞相陈平和太尉周勃。周勃想尽早拿回兵权，就直接去了守卫长乐宫的北军。长乐宫原为吕后所居，是诸吕的活动中心，身为最高军事长官的周勃在那里也是外人，根本进不去。

　　于是，周勃想到了主管符节的襄平侯纪通，他让纪通拿着符节，假传皇帝诏令，让周勃掌管北军。太尉又派郦寄和典客刘揭先去劝说吕禄："皇帝命太尉掌管北军，你还是赶快交出将军印，尽早离开，否则大祸临头了。"

　　吕禄以为郦寄不会欺骗他，就乖乖地将军印交给典客。周勃拿到了兵权，立即捧着将印到兵营，对将士们道："拥护吕氏的伸出右臂，拥护刘氏的伸出左臂。"

　　军中将士都伸出左臂，表示拥护刘氏。周勃还没到北军时，吕禄已经交出将军印离开了军营。此时太尉周勃已顺利控制了北军。

然而，南军还被吕产控制着。平阳侯曹窋听到吕产的阴谋，告诉了丞相陈平以后，陈平就召来朱虚侯刘章，让他协助太尉周勃。

周勃担心吕产进宫挟持皇帝以令诸侯，就派刘章监守军门，命令曹窋通知未央宫卫尉："不准放吕产进入殿门。"

吕产不知道吕禄已离开北军，打算去未央宫，准备作乱，却进不去，在殿门口徘徊。曹窋欲杀吕产，又担心不能取胜，就驱马跑去请示周勃。

周勃也觉得没有把握，就派刘章火速进宫，并拨给他1000多名兵士，以保卫皇上。刘章进入未央宫，发现吕产已在宫中。晚饭时分，刘章对吕产实施抓捕，吕产料敌不过刘章，急忙逃走。

就在这时，狂风大作，吕产的随从官兵一片混乱，无人抵抗。刘章率兵哪里肯放？一直追到郎中令官府的厕所中杀了吕产。

皇帝得到报告，朱虚侯刘章已杀掉吕产，便派谒者手持符节前来慰劳。刘章遂带上谒者，凭借符节便利，在宫中搜查，在长乐宫发现了卫尉吕更始，当即杀掉，然后回北军向太尉周勃报告。

周勃起身向刘章拜贺说："我们所担心的就是这个身为相国又掌握着南军的吕产，现在你杀了他，刘氏江山就安定了。"

随即派人分头把吕氏家族男男女女全部抓获，一律斩杀；吕禄被抓，当即予以斩首；用鞭杖竹板打死吕媭；派人杀了燕王吕通；废了鲁王张偃。接着，恢复了皇帝太傅审食其左丞相的职务，改封济川王刘太为梁王，立赵幽王的儿子刘遂为赵王；派朱虚侯刘章把诛杀诸吕的事情通知齐王，让他收兵；灌婴也从荥阳收兵回京。

至此，吕氏的势力终于被彻底铲除，天下又重新回到刘氏手中。

大汉的开国功臣都是智勇双全之人，他们深谋远虑，临危不惧，应变有方。在平定诸吕之乱事件中，陈平、周勃、灌婴三人发挥了主要作用。灌婴把军队驻扎在外，静观事变，伺机而动；在内，陈平和周勃联手智夺军权，并最终里应外合消灭了诸吕。综观整个历史事件，双方进行的就是一场智力大比拼，平庸的吕氏又怎会是这些大汉开国元勋的对手呢？

元宵节的起源

传说，元宵节是汉文帝为了纪念"平吕"而设立的节日。汉高祖刘邦去世后，吕后之子刘盈登基，是为汉惠帝。惠帝生性懦弱，优柔寡断，大权渐渐落在吕后手中。

汉惠帝病死后，吕后独揽朝政，把刘氏天下变成了吕氏天下。朝中老臣、刘氏宗室虽深感愤慨，但因惧怕吕后残暴都敢怒不敢言。

吕后病死后，吕氏亲戚都害怕遭到伤害和排挤，于是在上将军吕禄家中秘密集合，共谋作乱，以便彻底夺取刘氏江山。

这件事被齐王刘襄得知。为保刘氏江山，刘襄决定起兵讨伐诸吕，随后与开国老臣周勃、陈平取得联系，设计铲除了吕禄、吕产等人，彻底平定了"诸吕之乱"。

平乱之后，众臣一致拥立刘邦的儿子代王刘恒登基，是为汉文帝。

文帝深感太平盛世的来之不易，就将平息"诸吕之乱"的正月十五日定为与民同乐日。这一天，家家都张灯结彩，以示庆祝。

从此，正月十五便成为一个普天同庆的民间节日——元宵节。元宵节过后，农村便开始了春耕准备。

送张相公出征

（唐）杨夔

得意在当年，登坛秉国权。
汉推周勃重，晋让赵宣贤。
儒德尼丘降，兵钤太白传。
援毫飞凤藻，发匣吼龙泉。
历火金难耗，零霜桂益坚。
从来称玉洁，此更让朱妍。
鸳鹭臻门下，貔貅拥帐前。
去知清朔漠，行不费陶甄。
献画符中旨，推诚契上玄。
愿将班固笔，书颂勒燕然。

寇恂足智多谋

寇恂（？—36），字子翼。东汉上谷郡昌平（今北京）人。云台二十八将之一。建武元年（25年），光武帝刘秀以河内（今河南焦作）险要富实，欲择诸将守河内，苦无人选，问于邓禹。邓禹推荐寇恂，光武帝遂拜其为河内太守。寇恂"伐淇园之竹，为矢百余万，养马两千匹，收租四百万斛，转以给军"。后任颍川太守，治颍川，颇有政绩。建武十二年（36年），寇恂去世，谥曰威侯。

寇恂是上谷郡昌平县人，任功曹时，太守耿况非常器重他。王莽失败后，刘玄自立为更始帝，派使者到各个郡国巡视，并宣布："先归顺者赐爵位。"

听到这个消息，寇恂随耿况一直在郡国边界上迎接使者。耿况交上印绶后，仍担任太守一职。

不久，邯郸王郎起兵举事，又派遣将军来上谷联络，要耿况发兵响应。寇恂建议耿况说："邯郸王郎举事，很难让人信服。过去，王莽篡位，不得人心。现在的大司马刘秀则不同，此人尊重人才，礼贤下士，很多人都归附了他，我们也应该前去投奔。"

耿况担心地说:"邯郸势力强盛,单凭咱们抗拒不了啊!"

寇恂说:"现在上谷还很完整,手下尚有一万骑兵。我们可以和渔阳郡联合起来,齐心合力抵抗邯郸,应该问题不大。"

耿况同意这一主张,就派遣寇恂到渔阳郡和彭宠商议联合事宜。寇恂完成了使命,在返回昌平的途中,恰巧遇到邯郸使者。情急之下寇恂发动袭击,杀了使者,收编了他的军队。寇恂等人随耿况来到广阿,投靠了刘秀。刘秀任命寇恂为偏将军。

在刘秀帐下,邓禹非常看重寇恂的才华,寇恂也经常与邓禹谋议大计。刘秀南定河内时,更始帝派大司马朱鲔等人率重兵占据着洛阳,并州没有平定,刘秀决定出兵讨伐。但河内初定,刘秀不无担忧地问邓禹:"众将谁能守河内?"

邓禹说:"寇恂文武兼备,有统兵的才能。除了他,没人更适合了。"

于是,刘秀就命寇恂为河内太守,掌管大将军事务。

刘秀对寇恂嘱咐道:"河内地理位置优越,民富粮多,是我军的大后方,现在委你以重任,把它交给你把守,是对你极大的信任。当初,高祖留萧何镇守关中,现在我任命你镇守河内,你一定要不负众望。你的主要任务是转运粮草,供给前方军队足够的军粮,指挥军队抵抗敌兵的入侵,阻止敌军北上。"

寇恂上任后,立即写信给各属县,命令其讲兵习武,抓紧备战,很快造箭100万支,养马2000匹,收租400万斗,然后将这些物资及时转运给前方部队。

朱鲔听说刘秀向北进军,料想河内空虚,便命讨难将军苏茂、副将贾强带兵3万多人渡过巩河进攻温地。寇恂得到消息后,通知各县兵勇,会师温地。

寇恂到达温地,正遇到苏茂、贾强渡河,随即展开会战。寇恂身先士卒，英勇杀敌，苦战一天后，偏将军冯异和诸县军队也赶到了，士兵云集，幡旗蔽野。寇恂命令士卒在城上呐喊："刘秀的军队来了！"

苏茂的士兵听后大惊，军心动摇。寇恂趁机发动进攻，大破苏军，并追敌到洛阳，还斩杀了贾强。苏茂的士兵投河自杀的有数千人，遭俘的有一万多人。

自此，洛阳政权惶惶不可终日，吓得他们白天也紧闭城门。

刘秀先听到朱鲔将要进攻河内的消息，很担心，但不久便捷报传来，刘秀大喜："早知道寇恂可担当此任！"

诸将军大贺，趁机拜上尊号。刘秀于是即位，是为光武帝。

不久，执金吾贾复的部下在颖川杀了人，寇恂将其抓获后，斩首于街市之上。

贾复为此感到耻辱，在经过颖川时对身边人说："我曾经和寇恂并列将帅，而现在却受到他的侮辱，大丈夫岂有被辱而不报仇之理？如果见到寇恂，我一定亲手杀了他。"

寇恂得到这消息，为顾全大局，避免手足相残，刻意不和他相见。

将军谷崇对寇恂说："我身上佩有剑。如果发生意外，我可以保护您，您大可不必惧怕贾复。"

寇恂说："不是这样的。当初蔺相如不怕秦王而逃避廉颇，是为了国家，这是义举。古时小小赵国之臣都明白的道理，我怎能不知？"

一天，贾复的军队路过颖川时，寇恂命令各属县盛酒具，储美酒，士兵获得了平时两倍的饭食。寇恂出去相迎的时候，刚好碰见贾复，马上称病离去。

贾复命令手下前去追赶，发现部下全部喝醉了，只好作罢。

寇恂派遣将军谷崇向刘秀报告了他和贾复之间的过节。刘秀知道后，即刻召见寇恂。寇恂进到宫中，发现贾复已经先坐在那里，便想起身回避。刘秀说:"现在天下未定,两虎哪能私斗?今日朕替你们和好。"

于是,刘秀拉他们两个一起坐下,畅饮许久。出宫后,两人同车离去,从此结为好友。

寇恂回到颍川后,被封为汝南太守。这时,盗贼平息,郡中无事。寇恂喜欢读书,于是修整学校,教授学生,聘请精通《左氏春秋》的人讲学,有时自己也亲自授学。后来,寇恂跟从刘秀出击隗嚣,颍川又盗贼群起,刘秀只得率军返回,对寇恂说:"颍川接近京师,叛乱应该马上平定。此事还是由你去办吧。"

寇恂说:"颍川民风强悍轻浮,这个地方的人听说陛下去讨伐陇蜀,才敢作乱。如果知道陛下已经返回,肯定不敢再作乱。臣愿前去。"

即日刘秀开始南征,寇恂跟随来到颍川,盗贼果然都投降了官兵。老百姓拦路上奏说:"希望从陛下那里再借用寇恂一年。"

隗嚣和高峻拥兵自重,隗嚣死后,高峻继续占据高平叛乱。刘秀派建威大将军耿弇等人前去剿灭,用了一年时间也没有取得胜利。刘秀亲自讨伐,多次交战,仍攻不下高平。

刘秀想派使臣劝降高峻,对寇恂说:"你替我前行。如果高峻不降,马上派耿弇等五营兵力去进攻他。"

寇恂便带着玺书去劝降,高峻派遣军师皇甫文相见。皇甫文态度蛮横,寇恂大怒,当即要诛杀皇甫文。诸将劝谏道:"高峻精兵万人,有许多强弩,控制着陇道,易守难攻,我们多年没能攻取。现在想要他投降,却要杀掉他的使者,这样做只会适得其反。"

寇恂不听,执意杀了皇甫文,并让皇甫文的副手回去告诉高峻:"军师无礼,已被斩首。要想投降,就赶快来;不想投降,就好好加强防守吧!"

高峻得到这句话后,感到异常惶恐,随即打开城门投降了。高峻投降后，诸将皆来道贺，他们问寇恂："杀掉高峻的使者，他却来投降，这是为什么？"

寇恂说："皇甫文是高峻的心腹，高峻的决策全由他来制定。皇甫文言语蛮横，居高临下，他肯定没有投降的意思。如果放走皇甫文，他还会想出其他计策来对付大汉；而杀掉他，高峻失去了依靠，就只能投降了。"诸将连连称是。

寇恂屡建功绩，名望很高，但寇恂总是把俸禄都分给故人以及跟从他的官员。寇恂常说："我是靠他们才走到今天的，怎么可以一个人去享受呢？"

当时的人都很钦佩他，都说他有宰相的器量。

■故事感悟

寇恂是个有大智慧的人，他能根据社会形势的变化，通权达变，做出正确的选择，追随刘秀一统天下。他头脑清晰，洞晓世事，杀使者收高峻，表现出了超人的才智。他为刘秀安稳后方，堪比西汉的谋士萧何。

■史海撷英

新朝始末

新朝（9—23年）是中国历史上很短命的王朝。新朝的开国皇帝王莽是西汉元帝王皇后的侄子。西汉后期，极有心机的王莽逐渐把持朝政。9年，王莽自立为帝，国号"新"，年号为"始建国"。14年改元天凤，20年又改元地皇。

新朝末期，社会混乱，最终爆发了历史上著名的绿林赤眉农民大起义。23年，王莽军队被更始帝大军打败。同年，赤眉绿林军攻入长安，王莽被杀，新朝灭亡。

□ 文苑拾萃

睦州吕郎中郡中环溪亭

（唐）方干

为是仙才登望处，风光便似武陵春。

闲花半落犹迷蝶，白鸟双飞不避人。

树影兴余侵枕簟，荷香坐久著衣巾。

暂来此地非多日，明主那容借寇恂。

虞诩"增灶惑敌"制胜

虞诩(？—137)，字升卿。东汉名将。陈国安平(今河南省鹿邑县西北)人。汉安帝时，他为朝歌(今河南省汤阴县西南)县令。后来担任武都郡太守，平定羌人之乱。汉顺帝时代，担任司隶校尉，弹劾罢黜中常侍张防。因为触犯权贵，曾经九次遭到谴责，三次遭到刑罚。后来官至尚书令。

汉安帝永初四年(110年)，羌人起兵，攻掠了并州和凉州。大将军邓骘认为，要保住这两个地方，所需的军费太多，无法兼顾，因此建议丢弃凉州，集中力量保守北边，于是便召集公卿商议。邓骘比喻说："用一件破衣服去缝补另外一件破衣服，尚能补出一件完好的衣服，否则都不能穿。"大家对他的意见都表示赞同。

虞诩听说这一意见后，便对李脩说："听说公卿大臣们只因担心浪费财物，就轻易舍弃凉州，你说他们这样做对得起先帝吗？凉州放弃后，只能以三辅为边塞，那样天子们的陵墓就暴露在外了。俗话说：关西出将，关东出相。如今羌兵之所以不敢占据三辅，就因为有勇敢尚武和熟悉军事的凉州人。凉州百姓之所以听从指挥，没有叛乱之心，是因为他们知道自己是汉人。如果现在放弃凉州，让当地人迁徙，必生异心。如果豪雄趁机在这里聚集，率领当地叛乱的民众向东进攻，我们纵有孟贲、夏育之勇，姜尚、孙膑之谋，恐怕也无济于事了。因此，我担心放弃凉州就会像毒疮侵入肌肤一样，局势不断恶化，一发而不可收。因此，弃凉州绝非好计策。"

李脩认为他言之有理，说："我没有想到这些。没有你这一番话，邓骘之言定会误了国家大事。你再说说，要想保住凉州，该用什么计策？"

虞诩说："目前凉州骚动，人心不定，社会动荡，我担心会发生变故。如果命令朝中的公卿各自征召该州豪杰若干人，作为掾属，引牧守令长子弟，授予散官，表面上是一种奖励，用来回报他们父兄的功勋劳绩，而实质上是将他们控制起来，作为人质，以防他们叛变。"

李脩很赞赏虞诩意见，于是立即召集四府统一思想，并安排布置：任命西州豪强为掾吏，任命长吏子弟为郎，以示安抚。

可是，虞诩的建议却得罪了邓骘兄弟，邓骘兄弟便中伤虞诩。后来，朝歌（今河南淇县）县叛匪宁季等几千人造反，杀死官长，屯聚连年，州郡无法平定。于是，邓骘兄弟便奏准虞诩任朝歌长。

虞诩的故旧纷纷赶来慰问："调到朝歌工作非常艰苦，你会因为辛劳而衰老啊！"

虞诩笑着回答："立志不求容易，做事不避艰难，我不能忘记臣子的职责。不遇到盘根错节，用什么来识别刀斧的锋利呢？"

115年，西羌派兵攻打武都。当时，邓太后临朝，她闻听虞诩有将才，便封其为武都太守。虞诩到任后，为了招纳人才，采取比武方法选将，从民间挑选了几十位武艺高超之人作为健将，其中有各类使用兵器的高手。

有一个人叫高慕，江湖艺人出身，三十来岁，精通刀枪，善骑马射击，与数人相斗没有对手。又有平民纪嘉，方面美髯，善用板斧，与高慕对决难分胜负。于是两个人都得到了重用。

虞诩率数千余军马去解救武都之围。羌兵早就知道虞诩威名，不得不有所顾忌，于是集重兵在陈仓崤谷死守。

虞诩看到这里地势险要，易守难攻，认定西羌一定会在此设下伏兵，于是心生一计，令全军停止前进，自己到各处巡视，故意扬言："羌军凭险据守，我们兵力有限，不易突破。我已派人上本求救，待援军到达后再进军。"

羌军听后信以为真，便放心地到各县掠取财物，留在崤谷的少数羌军也因为不能掠财，无心备战。

因羌军兵力四散，虞诩率部乘机行军，昼夜兼程奔向赤亭。途中每次驻兵歇息，虞诩命将士们每天加倍垒灶。羌兵追来后，看到炉灶越来越多，误以为汉兵不断增加援军，便不敢再追。

虞诩部将不解，问："昔日孙膑与庞涓作战是逐日减灶，我们为何却逐日增灶呢？兵法云：军队日行不能超过30里，以防意外。而我们却每日行军将近200里，这又是什么道理？"

虞诩笑道："敌众我寡，速度慢易被敌追，急行则使敌摸不清情况。敌人见我们的炉灶渐多，一定会怀疑附近郡县之兵加入我军，敌人便不敢追赶我们。当年孙膑以弱示敌，今天我们以强示敌，这是因为情况有所不同，所以迷敌方法也应不同。"诸将士这才恍然大悟。

虞诩兵至武都，枪矛鞭戟盾虽然一应俱全，但兵力不足3000人。羌军虽兵刃不精、衣甲陈旧，却有一万多人围于赤亭。虞诩便令将士坚守10天，数次击退羌兵。

有一个骑着黑马的羌军将领趾高气扬地叫阵，高慕大怒，横枪催马来到阵前，未等羌人开口，一枪刺敌于马下。又有羌将舞刀出战，高慕调转马头而走，敌将紧追，用弩搭箭射高慕。这个箭是赫赫有名的"鸣镝"，是匈奴冒顿单于首创。鸣镝箭以骨制成，射出时"呼呼"作响。

秦二世时，挛鞮冒顿用这种箭射父亲头曼单于，部众随箭声同射，流矢贯于头曼之身，冒顿弑父称王。而高慕却接住了鸣镝，并用此箭反射羌将于马下。到第十天，羌军再次进攻。虞诩在城墙上，看到羌兵惧怕强弓利箭，就令军士换用小弓搭箭，零星射向敌兵，等到乱军靠近城下，虞诩即令健壮弓弩手每20人一队，共同射向一名羌兵，箭无虚发，大显威力，让羌人惊恐万分。

汉军便顺势发动反攻，勇将高慕一马当先，舞枪刺死众多羌军头领；裨将黄腾持双铜，逢敌即打；闻荣持一柄40多斤的银锤，如入无人之境。众将校跃马追敌，近则鞭打，远则枪挑，杀得羌人溃不成军。汉兵大胜，缴获颇多。

这一仗，羌军虽然大败，死伤不少人马，但也发现虞军反攻时只出动2000多人，从而断定虞诩兵力并不多，因此准备对赤亭再一次发动进攻。虞诩也总结上一次战况，感到暴露了实力，估计羌军可能会再来进攻。怎么办？他决定再次给羌军制造假象，迷惑敌军。

次日，虞诩让所有的官兵排长队，耀武扬威地从这个城门出去，又从那个城门进城。进城后更换衣服，又从那个城门出发，这个城门进来。每天都这样反复出入多次。羌人见身穿不同衣服的汉军源源不绝地出入城门，猜不透有多少人马，先是疑惑继而惊惧，军心开始动摇。

虞诩判断羌人要退兵，就派500余人的队伍埋伏在敌人撤退时必经之道的城外河流浅水处。羌人果然逃走，到达伏击地点时，汉军突起，截击掩杀，大获全胜。羌人溃败，逃窜到益州去了。

虞诩察看当地地形，构建180多所营垒，把流亡到外地的民众招回，救助贫民。至此，武都郡逐步恢复生产，百姓安居乐业。

▣故事感悟

通过控制灶的数量来破敌的战例中，孙膑和虞诩的作战方略应该是最著名的以智取胜的案例了。增灶和减灶均是通过对灶的控制来向敌人传达某种假信息。一般说来，强者减灶示弱，如孙膑；弱者增灶示强，如虞诩。这是根据敌我双方力量的对比和根据战场的具体情况而定的。虞诩没有拘泥于前人的做法，灵活运用这一战术，最终取得了预期的成功，可谓是深通兵法之道。

▣史海撷英

虞诩反腐

东汉顺帝永建元年，11岁的顺帝刘保登基，任命虞诩为司隶校尉，相当于今天的全国最高检检察长。虞诩上任的第一天起，就启动了反腐大计。

当时，顺帝的宠臣中有一个常侍叫张防，经常利用职务之便收受贿赂。虞诩出任司隶校尉后，张防依然有恃无恐，毫无收敛。虞诩便派人前去调查，将他平时的所作所为统统记录在案。但是，材料上报时却遇到了障碍，因为虞诩上级廷尉府的官员跟张防的私人关系很好，弹劾张防的卷宗全被他截住了。

虞诩得知这种情况后，非常愤慨。他实在无法忍受与张防这等人同朝为官，便命人把自己捆起来，投到廷尉狱中。

汉顺帝没想到虞诩反腐都反到皇帝身边来了，便有些不太高兴。张防又在顺帝面前一把鼻涕一把泪地申明自己的无辜，终于争取到了顺帝对虞诩撤职查办的诏令。一夜之间，虞诩从"检察长"变成了"罪犯"，这意味着他的后半生都将接受劳役。

这件事引起了朝中很多大臣的不满，他们知道虞诩是以忠获罪的。在朝廷外面，虞诩的儿子也在时刻关注着有关父亲案件的最新动态。当听说大臣孙程等人前去说情时，他也不愿等在家里坐以待毙，于是联合虞诩的门生100多人，在大街上拦住幡侯中常侍高梵的车子，叩头至流血，诉说冤情。

在强大的社会舆论压力下，高梵只好入朝面圣，为虞诩鸣不平，要求为其平反。

这场生与死的斗争终于倒向了正义一边，顺帝也最终在国法和私情这架天平上加重了国法的砝码。张防被流放边疆，支持张防的贾朗等六人也受到了严厉惩治。虞诩不仅被无罪释放，还被顺帝拜为议郎，接着又升为尚书仆射。

□ 文苑拾萃

《后汉书·虞诩传》节选

虞诩字升卿，陈国武平人也。诩年十二，能通《尚书》。早孤，孝养祖母。县举顺孙，国相奇之，欲以为吏。诩辞曰："祖母九十，非诩不养。"相乃止。后祖母终，服阕，辟太尉李脩府，拜郎中。

后朝歌贼宁季等数千人攻杀长吏，屯聚连年，州郡不能禁，乃以诩为朝歌长。故旧皆吊诩曰："得朝歌何衰！"诩笑曰："志不求易，事不避难，臣之职也。不遇盘根错节，何以别利器乎？"及到官，设令三科以募求壮士，收得百余人，遂杀贼数百人。贼由是骇散，咸称神明。邓太后以诩有将帅之略，迁武都太守，引见嘉德殿，厚加赏赐。

永建元年，代陈禅为司隶校尉。数月间，奏太傅冯石、太尉刘熹、中常侍程璜、陈秉、孟生、李闰等，百官侧目，号为苛刻。数日，迁尚书仆射。

是时长吏、二千石听百姓谪罚者输赎，号为"义钱"，托为贫人储，而守令因以聚敛。诩上疏曰："元年以来，长吏受取百万以上者，匈匈不绝，谪罚吏人至数千万，而三公、刺史少所举奏，寻永平、章和中，州郡以走卒钱给贷贫人，司空劾案，州及郡县皆坐免黜。今宜遵前典，蠲除权制。"于是诏书下诩章，切责州郡。谪罚输赎自此而止。

诩又上言："台郎显职，仕之通阶。今或一郡七八，或一州无人。宜令均平，以厌天下之望。"及诸奏议，多见从用。诩好刺举，无所回容。数以此忤权戚，遂九见谴考，三遭刑罚，而刚正之性，终老不屈。

马隆智勇双全出奇谋

马隆（生卒年不详），字孝兴。东平平陆人。三国时曹魏武官，后来入仕西晋，协助西晋平定凉州的叛乱，并在凉州镇守十多年。

马隆自幼智勇兼备，非常注重名节。当时，魏兖州刺史令狐愚被朝廷诛杀，因为怕被牵连，全州竟无人敢为其收尸。马隆便让武吏装成愚蠢之人，拿出自己的家财为令狐愚殡葬，为其服丧三年，还在其坟墓周围种植松柏，三年期满才回来。此事在当时传为美谈，人人敬慕马隆。

泰始中期，晋武帝准备兴兵伐吴，诏告天下：吴国未平，现广纳精武英雄人才，过去虽有荐举方法，但还有好多人才并没有被选拔出来。现诏告各州郡，凡杰出者皆可以报名，不求全责备，广而用之，并不受名额限制。于是，兖州人举荐马隆，因为他"才堪良将"。马隆从军后，不久便升为司马督。

咸宁五年（279年）正月，凉州（今甘肃武威）刺史杨欣因与羌族关系不合，马隆预料，如发生争战，杨欣必败。果然，不久后，鲜卑首领攻陷凉州，杨欣被杀，致使河西地区与中原朝廷断绝联系，晋朝野震动。

当时，鲜卑连续多年发兵侵扰，相继杀了秦州、凉州四位刺史。晋武帝对西部边境安全非常忧虑，临朝议政时叹息道："谁能为我讨伐此强虏，解救凉州啊？"

朝中并无他人相应，只有马隆上前奏道："陛下若能任臣，臣能平之。"

武帝说："你能灭贼，何为不任？卿有什么方略？"

马隆说："陛下若能任臣，当听臣自任。"

武帝问："你打算怎么做？"

马隆奏道："臣请募勇士3000人，不问从何处招来，我军禀陛下威德，鼓行西进，丑虏何足灭哉！"

武帝答应了马隆的请求，并任命他为武威太守。

公卿全部反对，说："六军和各州郡兵马众多，都可以用，我看不宜横设赏募，这样会乱了常典。马隆小将妄说，不可听从他的。"

武帝最终还是力排众议，接受了马隆的意见。

马隆受命后，立即招募勇士，挑选能靠腰部力量拉开三十六钧强弩的青壮年，且当场立靶测试。从清晨到中午，共招募3500名勇士。

但马隆到武库挑选兵器时，却遭到武库令的拒绝，马隆便与其争执起来。御史中丞得知后，也乘机弹劾马隆。

马隆据理力争，对武帝说："臣为保国家安全，当亡命战场，以报皇恩。武库令乃以魏时腐朽棍杖充数，实在无法使用，我想这不是陛下差臣灭贼的意思。"

晋武帝于是命令武库，让马隆任意挑选兵器，另拨给马隆三年的军用物资。

十一月，马隆西渡温水。鲜卑人得知后，组织数万人马，凭借复杂地形袭击马隆军队前部，并设埋伏袭击其后军。马隆依八阵图作扁箱车，车上修建小木屋，遇到开阔地带则以车结营，遇到狭窄山路便把木屋放到车上穿行。马隆军队非常英勇，边战边进，其箭矢所射之处，羌兵应弦而倒，死伤惨重。

据《晋书·马隆传》记载，马隆在道路两旁堆积磁石，吸阻身着铁铠的敌人，使其难以行进；而晋军均着犀甲，进退自如。敌人因此大为震惊，很是惧怕，以为晋军是神兵天降。马隆部队转战千里，所向披靡，敌兵死伤无数。

马隆领兵西进，一度与朝廷音信断绝，朝廷上下甚是担忧，甚至有人以为马隆已战死。后来，马隆遣使者昼夜兼程赶到京都，向武帝报告大军西征战况，武帝大喜，抚掌欢笑。

第二天早朝，武帝对群臣说："若从诸卿之言，秦、凉两州就完了。"于是下诏封马隆为假节宣威将军。

马隆兵到武威，当地鲜卑首领猝跋韩且万能不战而降，率一万多人归顺。十二月，马隆又联合没骨能等部落与秃发树机能决战，晋军大胜，秃发树机能被其部下所杀。至此，凉州宣告平定。

太康初年（280年），晋廷因西平（西宁）荒毁，委任马隆为平虏护军、西部太守。他率其所部精兵及牙门一军，屯据西平。

当时，少数民族成奚部屡屡进犯边境，马隆决定率军征讨。成奚军队据险而守，马隆就令士兵背负农具，装扮成种田的农民，偷袭成奚部。有一个叫杨骏的地方，易守难攻，成奚认为马隆不敢前来，便放松了警惕。马隆乘其不备，发动突然袭击，成奚大败，至此西平平定。

太熙元年（290年），晋廷封马隆为奉高县侯，加封东羌校尉。马隆戍边十多年，战守尽力，战功无数，声威大震。后来马隆死于任上，尽忠报国。

□故事感悟

两晋南北朝时期是我国历史上一个民族大融合的时期，中原王朝多与边疆少数民族发生干戈，所以也涌现出了一批中原王朝的平乱名将，马隆便是其中之一。他智勇双全，敢于坚持自己的意见，率领部众，千里奔袭，出奇谋，用奇策，让敌人闻风丧胆，以一己之力平定了边疆的战乱。

□史海撷英

鲜卑族

2世纪中叶，鲜卑首领檀石槐被鲜卑各部推为"大人"，建立了包括宇文、慕容、拓跋、段、乞伏等部参与的军事联盟，并分为东、中、西三部。在三部当中，各部均设置了大人统领。后来，东汉朝廷派遣使者持印绶封檀石槐为王。

鲜卑世代以游牧为生，擅长骑马射箭，所制"角端弓"是古代非常有名的武器。檀石槐死后，鲜卑部落联盟便随之解体。

十六国时期，鲜卑的慕容、乞伏、宇文、拓跋等部都曾建立过政权。特别是拓跋部于5世纪中期建立了北魏王朝，统治中国北部达140余年，并竭力促进鲜卑人汉化，内迁的鲜卑人则逐渐转向农业并与汉族融合。

如今的锡伯族就是鲜卑人的后裔，为我国的少数民族之一。

第二篇

以智谋事

武丁"三年不语"为筹谋

武丁（约公元前1250年—前1192年在位），子姓，根据《今本竹书纪年》记载，名昭。是中国商朝第22位国王，共在位59年。"武丁"是他死后获得的庙号，殷末又追谥庙号为"高宗"，但在殷墟卜辞中没有该庙号。他是商王敛（小乙）之子，商王旬（盘庚）、商王颂（小辛）的侄子。

武丁是汤的第十代孙，他的父亲是盘庚的弟弟，名叫小乙。武丁的父亲从来也没做过国王梦，自然不会去想传给儿子王位的事。所以，武丁小时候并未受到王族的重视。小乙把儿子送到民间，有意让他去接近老百姓的生活。

《尚书》中记载，武丁父亲小乙当上国王以后，武丁当上了太子。但他很少在王室之间活动，仍然经常到民间考察民情、了解社会。

在民间巡游期间，武丁从不透露自己的身份，而是与普通百姓一起生活、劳作。因而，他不仅学会了许多劳动的本领，还养成了勤劳勇敢、艰苦朴素的良好品质。在这期间，武丁真正了解了人民的辛劳和艰苦，还结识了很多平民朋友。

武丁即位后，经常会感到有一种无形的压力。自从盘庚把首都迁到安阳初期，国家的确出现了兴旺的局面。然而，五六十年过去了，王公贵族们恶习难改，骄奢淫逸。他们大修宫殿，挥霍浪费，把几十年来积累的国力很快消耗得精光。

那时候，邻近方国看到商王国的富庶经常来侵扰，因此战争连年不断。一时间，兴旺的商王国又陷于重重困难之中。为了解决矛盾，武丁苦苦思索，真是绞尽脑汁。

武丁即位时，那些掌握实权的王公大臣们都试图左右他的治国方略。每天上朝，不等武丁开口，他们就七嘴八舌地出主意、提建议。其实，他们出的那些馊主意只会使国家越来越空虚，百姓越来越穷困，而他们自己则会越来越富有。

大臣们都这样，武丁感觉很痛苦，心里不是滋味。按照他们的意见，国家肯定治理不好；不同意他们的意见，自己又想不出好的办法。况且，身边暂时还没有一个志同道合的重臣。武丁思虑再三，干脆只听不说。不管大臣们说什么，他都不表态。

就这样持续了三年，于是宫廷里就有了武丁"三年不言"的说法。老百姓听到了，也都私下议论纷纷。按照当时的风俗，有"亮阴"之说，就是直属亲长去世以后，要居丧三年。很多人以为武丁只是居丧而已，至于是好是坏就没有人知道了。而那些王公大臣们看到这情形，心里也没底，都在暗中盘算着自己的前程与得失。

武丁虽然整天不说话，装作什么也不管的样子，但他心里时常有如临深渊的责任感。要治理好国家，得靠有雄才大略的重臣做帮手才行。这时候，有一个人的影子经常在他的脑海里晃动——傅说。

早些年武丁在民间巡游期间，结交了很多平民朋友，和其中一个名叫傅说的人尤其合得来。傅说经常在建筑工地做工。那时候盖房子还没有砖瓦之类的材料，工匠们把两块板子相对固定好，就往板子中间装土，然后把土夯实了，这样一层一层打上去，就做成了房子的墙。再往上面加一个茅草顶子，房子就算建成了。

有一天，武丁到了一个地方，偶然听说有个年轻人特别聪明，说话幽默风趣，常议论和关心国家大事，他的观点总能让人心服口服，老百姓们都喜欢听他的，还赞扬他能神机妙算。武丁就在那里住下了，他没有暴露身份，还到傅说所在的那个工地去做工。很快，武丁就与傅说成了好朋友，两人一见如故。

傅说看这位青年英俊潇洒，就与他无话不谈。当他们议论国家大事时，傅说就慷慨激昂地抨击朝廷的腐败，斥责王公大臣们穷奢极欲，甚至怒骂国君有辱成汤后裔的名誉。说到激动时，就停下手中的活计。监工的领头发现后，就对傅说又打又骂，有时还不给他饭吃。

傅说的身份非常卑微，是当时社会地位最低的奴隶，可他志向远大，心里装着国家。武丁当时就想，国家多么需要这样的人才呀！

武丁每天从王宫回来后，总是一副闷闷不乐的样子，妻子妇好看在眼里，急在心里。商王武丁有好几位妻子，但他最信赖的就数妇好了。

一天，妇好陪武丁去打猎，就向他提起此事。妇好认真分析了当时的形势，对武丁说："国君你心里想的什么我明白，不就是想启用你的那个朋友傅说吗？"

武丁一听，就请妻子继续说下去。妇好就举开国的成汤启用伊尹的例子，表示坚决支持武丁启用傅说。

当年成汤就任用了奴隶出身的伊尹做宰相，他们志同道合，共商消灭夏桀大计，终于在鸣条一战，把贪婪残暴的夏桀赶下了历史舞台。当时也有人反对成汤拜伊尹为相，理由只有一条：他是奴隶。可伊尹做了三朝宰相，为商王国的兴旺作出了巨大贡献，万世称颂。

于是，武丁开始认真掂量、盘算着怎么启用傅说。

这天，武丁与往常一样到王宫。点卯时刻，照例是钟磬齐鸣，青烟袅袅，巫师照例钻灼甲骨，宫女们依例舒展广袖。礼毕后，群臣依旧念叨着已经念叨了无数遍的奏章。

听着听着，武丁竟然睡着了，甚至打起了呼噜。虽然平时上朝武丁不言语，可从来没有睡过觉啊！大臣们见此情形，一个个面面相觑。

两个时辰过去了，大臣们也都困了。武丁突然大叫一声，接着就哈哈大笑起来。三年不说话的武丁，今天突然破天荒地声震寰宇，王公大臣们都惊呆了。

武丁扫视了一遍手下文武百官，终于发话了："先帝成汤给我托了一个梦，说是大殷兴盛的时候到了！他要派一位贤臣来辅佐我，为我们大殷王朝做宰相！"

说完，武丁下了台阶，一边走一边说："哈哈，这下国家有指望啦！对，对，我在梦里还跟那位宰相见了面，高鼻梁，大脸盘。来来来，让我一个一个好好看看，宰相在不在你们中间？"

武丁来到一位老臣面前，陌生人似的上下左右打量他。这位老臣名叫巫贤，平时经常为武丁出馊主意。

巫贤看着武丁绕着自己看，心里不免有点发毛。但武丁看了一会儿，摇摇头说："不对，不对。再往下看！"

就这样，武丁把满朝文武百官都看了一遍，也没有找出他的意中人来。武丁回到自己的宝座上发话了："巫贤，宣画师上来！"

几位画师上殿来了，武丁向画师描述了他梦中所见之人的模样……

后来，武丁成功地让傅说做了宰相。

　　思想家说：沉默是一种智慧。没有沉默便没有孕育，没有沉默就没有智慧。当然，沉默并不是无所作为，武丁面对种种困扰和难题，三年不语，这种沉默是一种镇定和思索的方式，是在孕育着更大的谋略。相反，一个人在成功面前也需要沉默，需要冷静和清醒，这样才能获得新的智慧，奔向新的高峰。

■文苑拾萃

诗经·商颂·玄鸟

天命玄鸟，降而生商，宅殷土芒芒。
古帝命武汤，正域彼四方。
方命厥后，奄有九有。
商之先后，受命不殆，在武丁孙子。
武丁孙子，武王靡不胜。
龙旂十乘，大糦是承。
邦畿千里，维民所止，肇域彼四海。
四海来假，来假祁祁。
景员维河，殷受命咸宜，百禄是何。

"见微而知著"的箕子

箕子(生卒年不详),文丁的儿子,帝乙的弟弟,纣王的叔父。官太师,封于箕(今山西太谷,榆社一带),名胥余。作为中华第一哲人,在商周政权交替与历史大动荡的时代中,因其道之不得行,其志之不得遂,"违衰殷之运,走之朝鲜",建立东方君子国,其流风遗韵,至今犹存。

商纣王刚即位的时候,政治比较清明。大臣们都以为他是个明君,也都废寝忘食地各司其职,勤奋努力。但不久,纣王失了本性,生活逐渐奢侈起来。

有一次在朝会上,大臣奏本,君臣共同处理朝政。纣王一高兴,拿出别人送给他的一双象牙筷子,请大臣们观看。

大臣们看后,无不为这双筷子精美的制作工艺所折服,都说做得精致得体、美观大方。唯有箕子见了这双筷子就像见了鬼一样,魂不附体、浑身哆嗦,一时说不出话来,脸色苍白继而发青,后来甚至牙颤口抖、浑身筛糠、众大臣都疑惑不解,不知箕子这是怎么了。

纣王见状,非常不高兴,随即宣布退朝。

退朝后，几个同殿好友问箕子为什么见到象牙筷子就吓成这样。箕子缓缓道："纣王如此喜欢此物，怕是要变坏，于我朝政和国人都不利呀！"

大臣们都感到非常不解，一个堂堂国君，做一双象牙筷子，虽然花费多了点，但不至于把你吓成这样吧！怎么一双象牙筷子就能使大王变坏？还不利于朝政和国人，这也太悬乎了吧？

箕子接着说："各位同仁，你们细细想想，这么好的象牙筷子，恰又是大王所用，用完后他把筷子放在哪里呢？他不可能随便地放在土制的碗罐里吧，那样他会觉得太不雅观，太委屈这双象牙筷子了，它应该配上一些玉制的碗碟才行啊。这样推理下去，有了象牙筷子、玉碗、玉碟、玉杯，那么吃的呢？用得好了，必然要吃得好！你想啊，用精美的器具盛些粗茶淡饭，那样能相配吗？他必然在这些玉碗玉碟里盛着牦牛、大象、金钱豹的胎盘，那样吃才有滋味。有了这些，他怎肯会穿着粗布短衣，站在这茅屋草舍里用膳呢？结果可想而知啊，他就要一步步地改变了，穿华丽衣服，盖豪华宫殿。锦衣广厦之后，就更是欲壑难填了。长此以往，他就要横征暴敛，鱼肉百姓，国人一定会对他产生不满而起来反抗。而他为了满足欲望，就要采取淫暴手段来镇压国人。到那时候，我们大商朝的天下还能保住吗？"

果然，几年以后，纣王开始追求更奢华的生活了，建肉林、筑鹿台、搭酒池，奢靡无度，敢于谏言的大臣一律被杀死。他的荒淫无道，最终引发了国人的强烈反抗，最终被周武王所灭。

■故事感悟

智者的一个重要特征就是见微知著。当一个国家、一个民族衰象初显时，外表上一片繁荣，其实内部已经开始腐坏，即所谓金玉其外，败絮其中。《史记·宋微子世家》载"纣为象箸而箕子唏"，说的就是这个道理。作为商纣时期伟大的思想家，箕子面对无可救药的商朝也已无能为力，这也是智者的悲哀。

■史海撷英

箕子朝鲜

根据《史记·宋微子世家》《尚书大传·洪范》记载，约公元前11世纪前后，商周交替之时，商朝重臣箕子被周武王封于朝鲜。

周武王灭殷后，封箕子于朝鲜，箕子朝鲜侯国正式成立，其受封之地就是今天的平壤。《三国遗事》记载："都平壤城。"箕子朝鲜的历史延续约千余年，直到西汉时期，燕国人卫满灭掉了箕子朝鲜，才建立了卫满朝鲜。

箕子朝鲜的建立，标志着朝鲜半岛文明开化之始。今天的朝鲜人还喜爱白色，这个民俗就是商代尚白的遗风。

箕子进入朝鲜半岛后，不仅带去了中原先进的文化，以及先进的农耕、养蚕、织作技术等，还带去了大量的青铜器，另外还制定了"犯禁八条"这样的法律条文。所以，箕子朝鲜也被中原誉为"君子之国"。

广箕子操

（宋）金履祥

炎方之将，大地之洋。

波汤汤，翠华重省方，独立回天天无光。

此志未就，死矣死南荒。

不作田横，横来者王。

不学幼安，归死其乡。

欲作孔明，无地空翱翔。

惟余箕子，仁贤之意留苍茫，穹壤无穷此恨长。

千世万世，闻者从悲伤。

廉范用智退匈奴

廉范（生卒年不详），字叔度。东汉京兆杜陵（今陕西西安）人。赵将廉颇之后，流寓西州，受业于薛汉。永平初，任陇西太守邓融的功曹官。不久，邓融被检举失职，下狱，病重。廉范到洛阳做狱卒，早晚服侍他，尽心勤劳，直到邓融去世。薛汉因楚王事件被诛杀，故人门生没人敢处理善后，廉范独自前往收敛尸体，由是显名，迁为云中太守，历武威、武都二郡太守。建中初，又迁蜀郡太守。当时为了预防火灾，晚上禁火，廉范到任后准许百姓夜间用火，并要求储水以待救火，百姓称便，作歌"廉叔度，来何暮，不焚火，民安作，昔无襦，今五裤"。

廉范在担任云中（今内蒙古境内）太守期间，有一年，匈奴人大规模入侵，府里天天接到警报。按早先的规定，只要入侵的敌人超过5000人，便可以向附近郡县发出告急文书。廉范手下的官员准备用快马向附近郡县送告急文书，但廉范不同意，他要亲自率领兵士去抗击。

那天傍晚，廉范命令兵士每人将两支火炬交叉扎成个"十"字，三端点火，一只手握着，军营中顿时像满天星斗。敌人从远处看见汉军火炬很多，以为汉军救兵已到，大为惊恐，准备天亮就撤退。

廉范叫兵士们在天刚刚亮就冲杀过去，杀死了好几百人。敌人奔逃时互相践踏，又死了1000多人。从此，匈奴人再不敢入侵了。

后来，廉范担任了蜀郡太守。他见当地人都喜欢夸夸其谈，而且常常为一点小事争长论短，就劝勉百姓要淳朴敦厚，改掉轻浮的陋习。

成都地方百姓常常利用晚上做事，可因为房屋狭窄，容易引起火灾。从前官府为了防止火灾，禁止百姓在夜间作业，但这规定行不通，家家户户设法隐蔽，于是火灾更多，几乎天天不断。

廉范根据实际情况，取消了禁令，鼓励百姓开夜工。但有一条不成文的命令：每家必须储存几缸水，一旦发生火灾，便立刻扑灭。这样做，百姓觉得方便可行，火灾也确实大大减少了。他们还编了一支歌赞颂廉范：

廉叔度（廉范字叔度）啊，为什么来得这么迟？
你不禁止百姓点火，大家都安心地在晚上作业。
从前我们没一件破短袄，如今人人套裤有五条。

■故事感悟

廉范智退匈奴，制定周密的规划发展生产，改善百姓生活，不愧是一位心中装着百姓的智者。他得到百姓的爱戴和歌颂，也是很自然的。

■史海撷英

廉范报德

永平（汉明帝年号）初期，陇西太守邓融准备礼品，打算征聘廉范为功曹。恰巧这时，邓融被上级审查。廉范知道邓融不易解脱，打算凭自己的能力救他，于是托病要求离开。邓融不明白他的意思，有些怨恨他。廉范也不解释，便向东到了洛阳，更名改姓，请求担任了廷尉的狱卒。

不久后，邓融果然被押解到洛阳关在监狱，廉范便得以在他身边侍奉，尽心尽力，非常辛劳。邓融很奇怪，他怎么长得像廉范？于是对他说："你长得很像我从前的一个部下！"

廉范说："您是看花眼了！"便不再跟他说话了。

后来，邓融因病被押解出去养病，廉范便跟随他赡养探视，直到邓融病死，也没有说明身份。廉范还亲自赶车送邓融的灵柩到南阳，安葬完毕才离开。

□ **文苑拾萃**

寿洋川李守昌谔（二首之一）

（南宋）陈天麟

桂子风高瑞霭浮，晓来无处不欢讴。
共怀襦裤歌廉范，更指龟蒙祝鲁侯。
风月莫辜三十咏，星霜行阅八千秋。
皇家正重惟良寄，衮服归公正黑头。

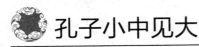

孔子小中见大

孔丘（公元前551—前479），子姓，孔氏，名丘，字仲尼。鲁国陬邑（今山东省曲阜市南辛镇）人。春秋末期的思想家和教育家，儒家的创始人。孔子集华夏上古文化之大成，在世时已被誉为"天纵之圣""天之木铎"，是当时社会上最博学者之一，并被后世统治者尊为孔圣人、至圣、至圣先师、万世师表。孔子和其儒家思想对中国和朝鲜半岛、日本、越南等地区产生了深远的影响，故而这些地区又被称为儒家文化圈。

鲁国曾经有这样一个规定：谁能赎出在其他诸侯国当奴仆的鲁国人，谁就能够从国库中支取相关费用。

孔子有个学生叫子贡，是个大商人，在各个诸侯国做生意时赎出了许多做奴仆的鲁国人。但是，他回国后却没有去领取这笔经费。子贡觉得自己这件事做得非常出色，特意向孔子报告了这件事，指望老师能赞扬他一番。

让他意外的是，孔子摇了摇头，叹息道："子贡，你知不知道你做错了！哎，从今以后，鲁国在别国做奴仆的人不会有人再去赎了。从国库支取金钱，并不损害你的品行；而你不去支取金钱，以后还会有人再去赎人吗！"

孔子的另一个学生子路，有一次救了一个溺水的孩子。事后，孩子的父亲用一头牛来酬谢子路，子路没有拒绝便把牛收下了。

孔子知道了这件事以后，赞赏地说："你做得对，今后鲁国人一定都会救溺水的人了！"

果然不出孔子所料，在子贡的影响下，从那以后，没有几个人愿意从国外赎回做奴仆的鲁国人了；而在子路的影响下，鲁国经常有人救助溺水的人。

■故事感悟

孔子能够小中见大，根据一些细微的事情推知未来。一叶知秋，管中窥豹，见微知著，这才是大智慧。

■史海撷英

孔子韦编三绝

春秋时期的书籍，主要是以竹子为材料编制的，即先把竹子破成一根根竹片，称为竹简，用火烘干后再在上面写字。

竹简有一定的长度和宽度，一根竹简只能写一行字，多则几十个，少则八九个。像《易》这样的大书，当然需要许多竹简编连起来，因此具有相当的重量。

孔子花了很大的精力，把《易》全部读了一遍，了解了它的基本内容；不久又读第二遍，掌握了它的基本要点；接着，他又读第三遍，对其中的精神实质有了比较透彻的理解。

为了深入研究这部书，他还把此书的精神实质完整地教授给弟子，不知翻阅了多少遍。这样时间久了，连串连竹简的牛皮带子都被磨断了几次，不得不多次换上新的再用。

■文苑拾萃

孔 子

（北宋）王安石

圣人道大能亦博，学者所得皆秋毫。
虽传古未有孔子，蟣蝼何足知天高。
桓魋武叔不量力，欲挠一草摇蟠桃。
颜回已自不可测，至死钻仰忘身劳。

孙膑"减灶诱敌"克庞涓

孙膑（？—前316），战国时期军事家。本名已失考，因其受过膑刑（剔去膝盖骨），故名孙膑。生于战国时期的齐国阿鄄之间（今山东省的阳谷县阿城镇，鄄城县北一带）。他是孙武的后人，战国时期曾被齐威王任命为军师，帮齐国取得了桂陵之战和马陵之战的胜利。

孙膑是战国时期的齐国人，早年曾和庞涓一道学习兵法。后来，庞涓到魏国做了将军，得到了魏惠王的信任。庞涓妒忌孙膑的才能，欲借刀杀人，就假意把他请到魏国，暗中却在魏惠王面前诬告他私通齐国。

魏惠王听后，果然大发雷霆，命人挖去了孙膑的膝盖骨，还在他脸上刺了字。孙膑假装发疯，才躲过了杀身大祸。

几经周折后，孙膑逃回齐国，齐威王很佩服孙膑的才能，予以重用。

公元前353年，魏国攻打赵国，齐威王命田忌做主帅，孙膑做军师，率军救赵。田忌打算率领救兵，直奔赵国与魏军作战，孙膑不同意，说："我们应当避实击虚、攻其要害。如今，我们可以率领大军直接攻打魏国都城大梁，魏军一定回师自救。这样，既解除了赵国的危机，又可直接打击魏国军队，岂不是很好吗？"

田忌听了深以为是，连声称好，就按孙膑的计谋行事。

一切如孙膑之前所料，听说齐军攻打魏都，庞涓随即丢下赵国，急速回军。可刚到桂陵，不料中了孙膑早已布下的埋伏。魏军措手不及，被齐军打得大败而逃。

庞涓在作战中，看到齐军战旗上有个斗大的"孙"字，不由得大吃一惊，说："原来孙膑还活着，我中了他的计了！"

从此，庞涓对孙膑更加怀恨在心，带着残兵败将，狼狈地逃回了大梁。

这就是著名的孙膑围魏救赵的故事。

13年后，魏国又伙同赵国去攻打韩国，韩国频频向齐国告急求援。齐威王仍派田忌为将，孙膑为军师，令他们前去救韩。

田忌有了"围魏救赵"的经验，胸有成竹，准备把计策再用一次，上千辆兵车驰出齐国国境时，田忌就要指挥齐军急速直指魏都大梁。然而，孙膑却坚决阻止，让田忌安排大军早早安营扎塞。

田忌问："军师，兵贵神速，怎么可以早早休息呢？"

孙膑说："现在魏国刚刚向韩国发动进攻，如果我们急忙出兵相助，实际就是我们代替韩国承受魏军最初的打击。而这种打击是沉重的，这不是我们指挥调度韩军，反而是听任韩军的指挥调度了。所以，我们过早地奔袭魏都大梁是不合适的。只有当魏韩这两虎争斗一番以后，我们再发兵袭击大梁，攻击疲惫不堪的魏军，挽救危难之中的韩国，这样对我们才更有利。"

于是，齐军在路上磨蹭了一个多月，才向大梁发起攻击。这时齐军已进入魏国境内纵深地带。魏王见齐军来袭，急忙命令庞涓从韩国回兵救魏，又派太子申为上将军，与庞涓合兵10万，欲与齐军一决雌雄，一场鏖战迫在眉睫。

如何打赢这一场硬仗？孙膑胸有成竹，指挥若定，因为他认为战胜貌似强大的魏军是有把握的。魏兵强悍善战，素来有蔑视齐军的心理，因此孙膑判断魏军一定会骄傲轻敌，急于求战，轻兵冒进。要想取胜，就要巧妙地利用敌人的轻敌心理，诱敌深入，然后予以出其不意的致命性打击。

主将田忌完全赞同孙膑的想法，他们一起认真研究了战场地形条件之后，最终确定了"减灶诱敌、设伏聚歼"的作战方针。

当魏齐两军刚刚遭遇，还没交锋，孙膑就下令部队撤退。庞涓追到齐军驻地，只见地上满是挖掘煮饭用的灶坑，连忙叫士兵去清点，根据灶坑的数量，庞涓估计齐军有10万之众。齐军一连三天急急退却，庞涓仍派人去数灶。第二天发现齐军留下的灶头数目，只够5万人煮饭了。到了第三天，减少到只够3万人煮饭了。

庞涓得意地说："我早就知道齐军胆小怕死，进入我国境内才三天，兵士就逃走了大半。"于是抛下辎重，只带轻装，昼夜兼程，不顾一切地追赶齐军。

这一天，齐军退到马陵道（今山东莘县境内）。孙膑见这里路狭道窄，两旁又多险阻，很适宜设兵埋伏，计算庞涓的行程，估计他将在黄昏时可以赶到这里，于是命令士兵砍下诸多树木，堵塞去路。又选择一棵大树，将那大树朝路的一面剥去一大块皮，让其露出一大片光滑洁白的树身，然后在上面写上一行黑字。

接着，孙膑命令一万名弓箭手在道路两边埋伏，并命令道："等到魏军到来，大树底下有人点火，就万箭齐发！"

天刚黑，庞涓果真领兵追到马陵道。在士兵们搬拦路的树木时，有人发现路旁大树上的字，忙向庞涓报告。

庞涓叫士兵点燃火把一看，上面写着"庞涓死于此树下"几个大字，不由得大惊。

这时，齐军伏兵对准火光处万弩齐发，箭如雨下，魏军死伤无数，庞涓也身中几箭，倒在血泊中。他自知中了孙膑的计，绝难脱身，便拔剑自杀了。魏军四散逃命，齐军乘胜追击，俘虏了魏太子申，彻底打败了魏军。

■故事感悟

作为"兵圣"孙武的后代，孙膑岂是平庸之辈！他每次临危不惧的指挥都称得上是中国军事战争史上的经典。围魏救赵，避实就虚；减灶破敌，强者示弱。孙膑把自己的军事才能发挥得淋漓尽致，靠自己高超的智慧为国家赢得胜利的同时，也为自己赢得了流芳百世的英名。

■史海撷英

田忌赛马

齐国的大将田忌很喜欢赛马。有一次，他与齐威王一起赛马，把各自的马分成上、中、下三等，比赛时也按三个等级分别进行。由于齐威王每个等级的马都比田忌的马强一些，所以田忌几次都失败了。

田忌正在沮丧之时，忽然看到自己的老朋友孙膑也在人群中。孙膑招呼田忌过去，对他说："我刚才看了赛马，威王的马比你的马快不了多少啊。我觉得，你应该再跟他赛一次，我有办法让你赢！"

田忌疑惑地看着孙膑，问："你是说换马再来比赛？"

孙膑摇摇头说："一匹马也不用换。"

　　齐威王屡战屡胜，正在得意洋洋地夸耀自己马匹的时候，看见田忌又迎面走来，便站起来讥讽田忌道："怎么，莫非你输得不服气？"

　　田忌说："当然不服气，咱们再赛一次！"

　　齐威王一看，心里暗暗好笑，于是再与田忌比赛。

　　只听一声锣响，比赛开始了。孙膑先让田忌以下等马对齐威王的上等马，第一局田忌输了。齐威王见孙膑在田忌身边，就站起来说："想不到赫赫有名的孙膑先生，竟然想出这样拙劣的对策。"

　　孙膑也不辩解，接着进行第二场比赛。这一次，孙膑让田忌用上等马对齐威王的中等马，获胜了一局。齐威王有点慌乱了。

　　第三局比赛，孙膑让田忌用中等马和齐威王的下等马比赛，又战胜了一局。这下，齐威王目瞪口呆了。

　　比赛的结果是三局两胜，田忌赢了齐威王。

■文苑拾萃

孙　膑

（唐）周昙

曾嫌胜己害贤人，钻火明知速自焚。
断足尔能行不足，逢君谁肯不酬君。

费扬古处事深思熟虑

费扬古（1645—1701），清朝满族正白旗人。董鄂氏，顺治时期的董鄂妃之弟。曾参与平定吴三桂的战争，转战江西、湖南，升领侍卫内大臣，列议政大臣。康熙二十九年（1690年），以参赞军事从福全讨伐噶尔丹的叛乱；1696年，康熙西征噶尔丹的西路军主帅，抚远大将军（康熙帝亲领中路军，萨布素领东路军），费扬古是主力，噶尔丹兵败而死，费扬古立下首功。

费扬古是清康熙帝时期的一位多谋善战的将领。他在率军与蒙古族首领噶尔丹的战争中，屡战屡胜，深受康熙皇帝的信任。

康熙二十九年（1690年），噶尔丹勾结沙俄，发动叛乱，由呼伦湖（今内蒙古自治区呼伦贝尔西部、新巴尔虎左旗和新巴尔虎右旗地区）南进到内蒙古腹地。费扬古以参赞军事从福全出征讨伐噶尔丹，在乌兰布统（今内蒙古克什克旗南）大败叛军，迫使噶尔丹退守回科布多（今蒙古人民共和国科布多省城杏尔格朗图）。

康熙三十五年（1696年），费扬古出任抚远大将军，驻守归化（今内蒙古自治区呼和浩特市）。不久，噶尔丹再次率部南进侵犯，康熙帝亲挂战袍出征，费扬古被任命为西路军主将，在昭莫多（今蒙古人民共和国乌兰巴托东南）地区大破叛军，为平定噶尔丹立了大功。

在康熙三十四年（1695年）时，叛清的蒙古首领噶尔丹在沙俄帝国的支持下，点燃叛乱战火，率军大举南犯，并声称将与清朝争夺皇帝位。康熙帝几次派使者前去劝降都无效，乃知不除噶尔丹，终为内外之大患，于是决心以全力歼灭之。他亲自率10万大军出战，兵分三路：以将军萨布素的满洲兵和科尔沁的蒙古部为东路；令抚远大将军费扬古调集陕甘兵为西路；自率禁军出独石口（今河北省境）为中路。

西路军主帅费扬古接令后，即率军先行北进，并督西安将军博济、甘肃提督孙思克率陕甘兵跟进。经过长途跋涉，待西路军进到昭莫多地区，已经兵疲粮尽，处境十分困难。

此时，噶尔丹叛军前哨部队亦侦知康熙帝亲御在中路，集中精兵强将，且供应充足，而西路军费扬古兵劳粮绝，士气大减。噶尔丹乃决策采取避实击虚之计，迅即移军西去，欲首先击败清之西路军。于是，两军会战于昭莫多，史称昭莫多之战。

在紧急关头，主将费扬古处危不惊。他根据本军长途奔袭、人困马乏的实际情况，决定采取反客为主、以逸待劳的谋略。于是，他命令部队在距昭莫多之西30里的多小山的树林处扎营，依山据河列阵，并于林木深处埋设伏兵。然后派出前锋400名残弱之兵至昭莫多之东迎敌，命其且战且退，以骄敌兵，诱其深入埋伏圈。

费扬古对将领们说："我军经过长途行军，深入不毛之地，噶尔丹已经探知我军粮尽，因此直接来向我进犯。我们应当先示弱，使他们骄傲起来，而后一鼓作气消灭他们。大家一定要等我的号令再射箭放炮，不听令者处死。"

费扬古布阵完不久,噶尔丹的精骑先锋部队数千人便已来到。此时,费扬古派出的400名前锋骑兵已退至阵前,他们被噶尔丹的叛军团团包围,费扬古亦不出兵援救,结果400人全部阵亡。

叛军初战得胜,以为清军不堪一击,因此更加恃骄而进,直逼费扬古军营阵地,强弓齐发,矢如雨下。费扬古却安然不动,手持号角,端坐在帐中。

提督孙思克有点儿沉不住气了,他跪在费扬古面前请求说:"情况十分危急,敌人离此只有20步了,我军正等将军下令还击。如再不战,恐怕支持不住了!"

费扬古愤怒地将其斥退,双目直望着敌军进兵,号角仍然不发。直到敌人逼进十数步时,费扬古突然发出号令,清军随之箭炮齐发,埋伏在密林中的伏兵亦骤然奋起,喊声雷动,从四面八方一齐向敌阵冲击。叛军猝不及防,瞬间被杀得人仰马翻,顿时横尸如山,血流成河。费扬古见敌人已溃不成军,乃下令乘夜追击30里。

这一战,清军共歼敌数千人,生擒数百人,招降2000余人,缴获牛、马、羊和辎重粮草无数。噶尔丹军几乎全军覆没,仅噶尔丹领数人乘马逃脱,后走投无路,服毒自尽而死。

费扬古在敌强我弱的情况下,沉着应战,并以骄敌之计,诱敌深入包围圈,然后一鼓作气,聚而歼之,在我国古代战争史上创造了一次典型的战例。康熙帝因为此战取胜十分高兴,在家罕拖诺山(在克鲁伦河南塔尔之东)及昭莫多的山顶上勒石纪功。

费扬古为将勇谋相兼,善于用兵,转战南北,胜多败少,是一名良将,更可贵的是,他为人诚勇朴实,不好大喜功,不居功自傲,常以国家利益为重,克己奉公,忠于朝廷,为国而谋,因此深得康熙皇帝的信任和同僚、属下的钦佩。史书亦赞扬他朴直而有远虑。

康熙三十六年（1697年），费扬古奉诏返京任侍卫内大臣。当时，康熙帝喜欢射箭，经常命大臣们到校场比赛骑射，得胜者封奖丰厚。费扬古从小从军，骑射皆优，如参加比赛，不会落在他人之后。但康熙帝几次请他，他都以臂疾疼痛而辞谢，许多人对此很不理解。

事过之后，费扬古才向别人道出了自己的心声，说："我是一个大将军，经常领兵守边作战，若参加骑射比赛，万一一矢不中，就要影响国家威望，为别人和外藩耻笑，所以不敢参与比赛角逐。"

在这里，费扬古首先考虑的不是个人利益，而是国家的威望。可见，他确实是一位全心全意为国而谋的有远见卓识的将军！

□故事感悟

谋深虑远，是中华民族历来评价智慧人物的标准。费扬古身经百战，其为人处世之道给后人做出了良好的榜样。

□史海撷英

康熙兴文重教

康熙在位期间，十分重视文化教育，还亲自主持编纂了许多重要的典籍，如《康熙字典》《佩文韵府》《清文鉴》《康熙全览图》《古今图书集成》等。康熙主持编纂的典籍就有60多种，大约有两万卷，现在已成为中华民族文化中的重要精神财富。

康熙一朝，使清帝国屹立于世界的东方。当时，俄国有彼得大帝，法国有路易十四，康熙与他们相比，也有伟大的过人之处。康熙统治时期，中国的人口众多，经济富裕，文化繁荣，疆域开阔，国力强盛。

康熙时期，清朝的疆域东起大海，西到葱岭，南至曾母暗沙，北跨外兴安岭，西北到巴尔喀什湖，东北到库页岛，总面积大约有1300万平方公里。

■文苑拾萃

瀚 海

（清）康熙

四月天山路，今朝瀚海行。
积沙流绝塞，落日度连营。
战伐因声罪，驰驱为息兵。
敢云黄屋重，辛苦事亲征。

王旦的为官智慧

王旦（957—1017），字子明。大名莘县（今属山东）人。自幼好学，相貌丑陋，喉部突起，华山老道说他有异人相。太平兴国五年（980年）与寇准同榜进士，初任大理评事，平江（今属湖南）知县。雍熙元年（984年）参与编辑《文苑英华·诗类》。淳化二年（991年），任知贡举。至道元年，知理检院。至道二年（996年），升兵部郎中。咸平二年（999年）拜中书舍人、翰林院学士兼知审官院、银台驳司。咸平三年（1000年）累升知枢密院。景德二年（1005年）任尚书左丞。四年，监修国史。天禧元年（1017年）任充州太极观奉上宝册使，加太保，九月初十病卒，真宗废朝三日，亲临致祭。追赠为太师，谥文贞，后避宋仁宗御讳改谥文正。

宋真宗想拜枢密使王钦若为相，王旦劝阻道："王钦若现在的地位和待遇都已经相当优厚了，我希望他还留在枢密使的位置上。这样，枢密府和相府之间就能保持平衡了。我大宋王朝自太祖以来，还没有任用南方人当宰相的先例。虽然古人说唯才是举，但也必须是真正的贤才才能得到破例提拔啊。我身为宰相，不敢压抑人才的上升，但我不同意王钦若当这个宰相，这也是公众的意见。"

由于王旦的反对，宋真宗暂时放弃了让王钦若当宰相的想法。

直到王旦去世后，王钦若才被放手使用，因此，王钦若逢人便说："是王旦使我当宰相的时间推迟了十年啊。"

当初，王钦若和陈尧叟、马知节同在枢密院任职，因为汇报工作，他们居然在朝廷上当着皇帝的面吵了起来，宋真宗就让王旦来处理纠纷。王钦若还在大骂不已，马知节哭着说要与王钦若一起到御史府对质，请求公正评判。王旦怒斥王钦若退下，才平息了这场纷争。

事情发生后，宋真宗非常愤怒，要将王钦若二人投入监狱。

王旦严肃地对真宗说："王钦若等人多年来就是凭着皇帝您对他们的特殊宠爱，才敢如此肆无忌惮。陛下要是想责罚他们，也应该选择一个合适的时机和理由。今天，请您暂息雷霆之怒，先回宫休息，明天我来领取圣旨吧。"

第二天，宋真宗召见了王旦，问王旦处罚王钦若的事情是否安排好了。

王旦回答说："王钦若等人肯定要被处罚的，不知道陛下您要以什么样的罪名处罚他们呢？"

宋真宗说："那就判他们忿争无礼的罪名吧。"

王旦说："陛下治理着天下，却用忿争无礼的罪名将大臣入狱，如果这件事传到了朝廷之外，恐怕会因为处罚失当而损害您的威信。"

宋真宗问："那你说该怎么办？"

王旦说："应该这么办，通过中书省传达您的旨意，把王钦若等人叫来宣布陛下您对他们宽大为怀的态度，同时对他们给予严厉警告。等过一段时间，再把他们罢免也为时不晚。"

宋真宗同意了王旦的处理方法，并说："如果不是你从中说话，我真是无法容忍他们这样无礼和放肆，一定要重罚！"

一个多月后，王钦若等人都受到了免职的处分。

王旦有时候也和同事一起议论朝政和品评当朝一些官员。

有一次，同事杨亿问王旦："您觉得丁谓这个人日后的表现和前途会是怎么样？"

王旦评论说："丁谓是一个很有才华的人，但在品德修养方面还需要加强。日后担任了高级职务，假使有品德高尚的人来帮助他，可能会得到一个好的结果；如果是他单独掌权，一定会给他带来不幸的。"

后来，丁谓的发展完全验证了王旦当年的预测。

还有一次，王旦担任皇帝的使者，负责修理兖州的景灵宫，太监周怀正与他一起同行。有一天，周怀正请求与王旦相见，王旦却一定要等随从的人都来到后，才穿着官服在大庭广众之下与他见面，说完了正事，便立即告别。

后来，周怀正因为策划政变失败被杀，众人才了解到王旦的智慧和深谋远虑。另一名太监刘承规，因为忠厚老实而深受宋真宗的喜爱，在他将要病死的时候，请求皇帝能封他为节度使。皇帝征求王旦意见时说："如果我不答应他，刘承规会死不瞑目的。"

但王旦却执意不同意，他说："如果今后再有人在临死前请求陛下封为节度使，难道您也要答应吗？"

刘承规的遗愿终于没有实现，而且自此以后，北宋的太监们没有一个人做官超过留后这一级别的。

□故事感悟

王旦一生为官谨小慎微，在官场上摸爬滚打却可以明哲保身。他能够做到这样，源于他精明的为官智慧。王旦能够洞悉官场的事情，深谋远虑，考虑周到，堪称生活中的智者。

■史海撷英

王旦与寇准的故事

王旦任宰相时，寇准经常在皇上面前说王旦的短处，然而王旦却极力称赞寇准的长处。

有一天，宋真宗笑着对王旦说："你虽然经常称赞寇准的长处，但是寇准却专说你的短处呢！"

王旦回答说："臣居相位参与国政年久，必然有许多缺点和错误，寇准事奉陛下无所隐瞒，由此更见寇准是忠直良臣……"

真宗听了王旦的话，很敬佩他，从此也更加赏识他。

寇准任枢密院直学士时，在中书工作的王旦经常有文件要送到枢密院，偶尔有不合诏令格式时，寇准便上奏皇帝，王旦因此经常受到责问。但是王旦却不介意，还感谢其指出错误。

有一次，枢密院有事送到王旦的中书，也不合诏令格式。堂吏发现后，很高兴地呈给王旦，认为这下逮到机会，可以报复寇准了。

然而，王旦却命从将中书送回枢密院更正，并不上奏。寇准大为惭愧，见到王旦惭愧地问："您怎么有这样大度量呢？"王旦笑不作答。

当寇准被免去枢密职位后，曾私下求王旦提拔他为宰相。王旦听后，惊异地说："国家将相重任，怎么可以求来呢？"寇准听后，心中很不愉快。

不久，真宗决定授予寇准节度使同平章事。寇准入朝拜谢说："臣若不是承蒙陛下知遇提拔，哪能有今日？"

真宗便将王旦一再推荐之事告诉他，寇准非常惭愧，感叹不已，自觉品德气量远不如王旦。当然，后来的寇准也没让王旦失望，最终成为宋朝的一位杰出的贤相。

十洲阁

（宋）王旦

山川如幻阁长秋，一岛飞来伴九州。
不碍渔樵双桨过，何妨罗绮四时游。
云疑泰华分张去，永忆蓬瀛散漫浮。
禁苑未知湖海乐，生绡写取献九州。

赠淳于公归养

（宋）王旦

年少复家贫，悬车去养亲。
铜扉沾美命，彩服称闲身。
纯孝敦时俗，高风似古人。
禁林荣华者，羞见二毛新。

杨一清智勇除刘瑾

杨一清（1454—1530），字应宁，号邃庵，谥文襄。汉族。明朝镇江丹徒（今属江苏省）人。明朝政治家、文学家。

"土木之变"以后，明王朝开始衰落。明英宗以后的几代皇帝都昏庸腐败。他们丝毫没汲取前朝的教训，仍然一味依赖宦官，宦官专政的局面也越来越严重。

明宪宗朱见深（英宗的儿子）在位的时候，宦官汪直专权，在东厂以外又设了一个西厂，不断加强特务统治，制造无数冤案。

1505年，明武宗朱厚照即位，为正德皇帝。正德皇帝是先皇独子，自幼娇生惯养。少年天子初登宝座，本应由良臣忠侍辅佐，可是他身边以刘瑾为首的八个宦官，号称"八虎"，却诱惑少年天子纵情嬉乐，致使少年皇帝起居无常，朝政松弛。

通常，当皇帝玩得正起劲的时候，善于玩弄权术的刘瑾就把大臣的奏折送给皇帝批阅，小皇帝不耐烦地说："我要你们干什么？这些小事也叫我亲自办？"

于是，小皇帝就把奏章扔给刘瑾，这就无异是将国家大政交由刘瑾任意裁决了。

从此以后，刘瑾不再上奏。他假传明武宗的意旨，独断专行。刘瑾自己不通文墨，他就把大臣的奏章全带回家里，让他的亲戚、同党们处理。一些王公大臣知道送给明武宗的奏章皇上是看不到的，因此，如有事上奏，就先把复本送给刘瑾，再把正本送给朝廷。

刘瑾窃取了朝中大权，在内结党营私，把持朝政，严刑峻法；在外横征暴敛，兼并土地，包揽词讼，贪污受贿，干出无数伤天害理的事情。地方官员到京都办事，必须先给刘瑾送礼。后来刘瑾被抄家时，仅金、银就有几百万两之多，成为明代以来罕见的大贪官。

一些大臣向武宗劝谏，要求武宗铲除"八虎"，刘瑾等人得到消息后，就在武宗面前哭诉。昏君明武宗不但不听大臣劝谏，反而提升刘瑾为司礼监，又让刘瑾的两个同党分别担任东厂、西厂提督。

刘瑾权力越来越大，更加肆无忌惮地制造罪恶。他还下令召集大臣跪在金水桥前，宣布一大批正直的大臣是"奸党"，将他们排挤出朝廷。

刘瑾还假借皇帝之口颠倒黑白，矫诏把顾命大臣大学士刘健为首的675人列为"奸党"，制造了历史上罕见的政治冤案。

有一次，刘瑾逮捕了给事中戴铣等20多人，残酷迫害，戴铣被活活打死。六品芝麻官兵部主事王守仁（明代著名的哲学家，史称阳明先生）上疏直言，因而被廷杖，并贬为贵州龙场驿驿丞。

刘瑾还不解恨，又派人途中追杀。王守仁只得在过钱塘江时假装投江而死，将衣帽浮在水面，并留诗曰"百年臣子悲何极，夜夜江涛泣子胥"，才蒙混过关。因为这事，还连累了状元出身的父亲吏部尚书王华。

清官杨一清，也可谓仕途坎坷，曾三上三下，但他始终保持着儒家那种高洁的情操，绝不与刘瑾之辈同流合污，而是勉励自己尽职尽责，多做对国家对百姓有益的工作。

正德元年（1506年），杨一清总制三边军务，在宁夏前线御敌和修筑长城。因为他不附和刘瑾，刘瑾怀恨在心，就借口修长城的事找岔子陷害他。杨一清被逮捕关进了监狱，他主持修长城的事也被迫停了下来。幸亏大学士王鳌及李东阳等人奋力营救，才使他获释出来，保住了性命，但官却被免了，还被罚米600担，回到老家化州。

1510年，安化王朱寘鐇以反对刘瑾为名，发兵谋反。刚返政坛的明武宗派杨一清总督宁夏、延绥一带军事，起兵讨伐朱寘鐇，派宦官张永监军。

杨一清到了宁夏，叛乱已经被杨一清原来的部将平定，杨一清、张永俘虏了朱寘鐇，并将其押解到北京。

杨一清早就有除掉刘瑾的想法了，因此在回京的路上，杨一清便找张永密谈，商量除掉刘瑾的计划。

回到北京献俘完毕后，正德皇帝设宴赐酒酬劳杨一清、张永等人，张永便按杨一清的计策行事，从袖中取出杨一清帮助整理好的奏疏，在皇帝面前揭发刘瑾，主要包括企图谋反、私养武士、私藏兵器、激起兵变等等。

然而，皇帝却并不完全相信张永的话。于是，张永又按照杨一清所授计策，脱掉帽子用力磕头，大声说道："我皇英明，此事不可耽误，否则，奴辈一定死于刘瑾之手！天下归了刘瑾，陛下准备去哪里？"

正德皇帝这才意识到刘瑾已经专权，并且威胁到了皇权和自己的性命。于是决心审查刘瑾，依律治罪。

皇帝派禁军抄了刘瑾的家，从刘瑾家中抄出黄金、银元、珠玉宝器不计其数；还抄出龙袍玉带，盔甲千余，弓弩五百；另有两柄团扇，以貂皮包装，内藏两把利刃。扇柄上暗藏机关，以手指轻轻按动，便弹出一把寒光闪闪的匕首。

皇帝听到报告后，简直吓得目瞪口呆，立即下旨逮捕逆党。为慎重起见，皇帝令大臣在午门公开审理刘瑾案。

堂审那天，刘瑾故作镇静，仍然像往常一样，一副专横跋扈的神情。

刑部尚书刘璟见了刘瑾，心有余悸，不由得脸红耳热，连一句话都问不出来。

这令刘瑾的气焰更加嚣张，大声喝道："满朝公卿大臣，都是经我提拔的，哪个敢来审我？"

此时，驸马都尉蔡震挺身而出，大声说："我就敢审你！我是皇家至戚，不是出于你的门下。公卿百官，统是朝廷命官，你说都是出自你门下，简直是目无皇上、目无社稷，该当何罪？"

随即，命左右掌嘴，继续审问："你在寓所里私藏盔甲、兵器，私藏宫中违禁之物，该当何罪？"

刘瑾被问得哑口无言。经过会审，众官最后得出结论：刘瑾欲行不轨，谋反罪名成立。作恶多端的刘瑾，终于被判处死刑，得到了应有的惩罚。

□故事感悟

大明王朝后期宦官专权尤为严重。他们大肆捕杀忠臣，排除异己，祸国殃民，为此，忠臣义士与宦官展开了殊死斗争，许多忠勇之人往往都倒在了宦官的屠刀之下。但是，杨一清却能够除掉宦官，保身安民。仅就这一点来说，杨一清可称得上是智勇之人。他借刀杀人，不留痕迹，为国为民消除了祸患。

杨一清管理马政

1502年，经刘大夏举荐，杨一清任都督院左副都御史，督理陕西马政。

当时，西北地区盛产良马，当地的少数民族都以马来交换中原地区的茶叶，因此历史上称之为"茶马贸易"。

早在宋代时，西北地区就专门设立了一个机构——茶马提举司，管理茶马贸易。

到了明朝，明太祖朱元璋制订了严密的制度，下令用四川的茶交换西北的马，以供给军队作军马。另外，也可通过茶马贸易来控制西北的少数民族。但到了明代中后期，一些人为了牟利，携带私茶与西北人交易。因为有了更方便的交易渠道，西北人用马来换茶的就越来越少了，因此马政也日渐废弛，致使军马供应不足，军队的战斗力也随之日益失去保障。

杨一清到任后，驻扎在平凉、固原一带。他接手的是一个烂摊子，当时，牧马的草场只有6.6万余顷，养马的人员也只有700多名，马匹仅有2800多匹。

杨一清深知军马对于军队作战的重要性，便决定恢复明朝初年设立的金牌制，使纳马像交田赋一样，成为必不可少的赋税。

于是，杨一清制订并推行了五项措施，即复金牌之制、专巡检之官、严私贩之禁、均茶园之课、广价茶之积。在茶马贸易中，上至巡茶御史，下至黎民百姓，权利、义务明确规范。茶课、茶运等各个环节都逐步走向正轨。

此外，杨一清又提出增马种、增加牧马军人。4年后，茶叶已集中于官府，共积累茶叶20万公斤，茶叶运输招商进行，不劳烦民夫。西北的马大批赶来，共买番马9000多匹。在杨一清的整顿下，西北茶马贸易迎来了前所未有的黄金时期。

第三篇
以智成业

以退为进成霸业

晋文公（公元前697—前628），晋献公之子，姬姓，晋氏，名重耳。春秋时期著名的政治家，晋国国君，在位9年，在赵衰、狐偃、贾佗、先轸、魏武子、介子推等人的辅助下，成为春秋五霸之一。

公子重耳是晋献公的儿子。晋献公年老的时候，把备受宠爱的妃子骊姬生的小儿子奚齐立为太子，把原来的太子申生杀了。太子一死，献公另外两个儿子重耳和夷吾都感到危险，就逃到别的诸侯国去避难了。

晋献公死后，晋国发生了内乱，后来夷吾回国夺取了君位。为了坐稳君位，他也想除掉重耳，重耳只好继续到处逃难。重耳在晋国算是一位有声望的公子，因此一批有才能的大臣都愿意追随他。

重耳先在狄国住了12年，因为发现有人行刺他，就逃到卫国。卫国看他运气不好，不肯接待他。他们一行人漫无目的地一路走着，到五鹿（今河南濮阳东南）的地方，饿得实在不行了，正好瞧见几个庄稼人在田边吃饭。重耳他们看着，饿得更厉害了，就叫人向他们要点吃的。

庄稼人不想理他们，其中有一个人还跟他们开玩笑，抓起一块泥巴给他们。重耳很生气，他手下的人也想动手打人。随从中有个叫狐偃的，见状连忙拦住，接过泥巴，安慰重耳说："泥巴就是土地。老百姓给我们送土地来啦，这不是一个好兆头吗？"

　　重耳这才作罢，一行人继续向前走。后来他们流亡到齐国，那时齐桓公还在，待重耳挺客气，送给重耳不少车马和房子，还把本族一个姑娘嫁给重耳。

　　重耳觉得留在齐国挺不错，可是时间久了，跟随的人都想回晋国。随从们背着重耳，聚集在桑树林里商量回国的事。没想到桑树林里有一个女奴在采桑叶，把他们的话偷听了去，告诉了重耳的妻子姜氏。

　　姜氏对重耳说："听说你们要想回晋国去，这很好哇！"

　　重耳赶快辩白说："没有那回事。"

　　姜氏一再劝他回国，说："您在这儿贪图享乐，是没有出息的。"

　　可重耳总是不愿意走。当天晚上，姜氏和重耳的随从们商量好，把重耳灌醉了，放在车里，送出齐国。等他醒过来，已离开齐国很远了。

　　之后，重耳又到了宋国。宋襄公正在害病，他手下的臣子对重耳的随从狐偃说："宋襄公是非常器重公子的，但是我们实在没有力量发兵送你们回去，请谅解！"

　　狐偃说："这我们全明白，我们就不再打扰你们了。"

　　离开宋国，重耳又到了楚国。楚成王把重耳当成贵宾，还用招待诸侯的礼节招待他。楚成王对重耳友好，重耳对成王也十分尊敬，两个人就这样成了好朋友。

　　有一次，楚成王在宴请重耳的时候，开玩笑地问："公子要是回到晋国，将来怎样报答我呢？"

　　重耳说："金银财宝贵国有的是，叫我拿什么东西来报答大王的恩德好呢？"

楚成王笑着说："这么说，难道就不报答了吗？"

重耳说："要是托大王的福，我能够回到晋国，我愿意跟贵国交好，让两国的百姓过太平的日子。万一两国发生战争，在两军相遇的时候，我一定退避三舍。"

楚成王听了并没在意，却惹恼了旁边的楚国大将成得臣。

等宴会结束，重耳离开后，成得臣对楚成王说："重耳说话没有分寸，将来一定是个忘恩负义、不守信用的家伙。不如趁早杀了他，免得以后吃他的亏。"

楚成王不同意成得臣的意见，正好秦穆公派人来接重耳，楚成王就把重耳送到秦国（都城雍，在今陕西凤翔东南）去了。

原来，秦穆公曾经帮助夷吾成为晋国国君，没想到夷吾做了国君以后，反倒跟秦国作对，还发生了战争。夷吾一死，他的儿子与秦国仍然不和。因此，秦穆公决定帮助重耳回国。

公元前636年，秦国护送重耳过了黄河，流亡19年的重耳终于回到了晋国。

晋国经历了20年的发展，这个时候，人心思定。晋献公的5个儿子只剩下重耳一人，再加上重耳有个好名声，大家都愿拥立重耳为王。

重耳即位为晋文公，第一件事就是安定人心。他下了一道诏书，声明不会追究以前的乱党，但是很多人不敢相信。一时间，谣言四起，人心惶惶。

为了让大家相信他的承诺，晋文公使用曾经挟带着他的行李逃跑的人做车夫，在大街上一连走了几圈。人们看到晋文公连这样的人都使用，就相信了诏书，也相信了晋文公。这样，晋文公成功地平息了谣言，逐步安定了民心。

　　晋文公做的第二件事是大封功臣，对当年跟随他一起逃亡的大臣们一律论功行赏。

　　第三件事就是安定周王室。原来，在晋文公即位的那一年，周王室发生了内乱，晋文公带兵平息了内乱，有功于周王室，在各个诸侯中建立了威信。

　　接下来，晋文公要做的大事就是争霸诸侯了。首先，他扩大了军队编制，实行军政合一的治理方式；然后是制订好策略，决意与强大的楚国决一雌雄。晋文公首先争取宋国加盟，争取齐国、卫国、鲁国，然后攻打楚国的盟国曹国，彻底孤立楚国，以求一战必胜。

　　在后来的这次战略性的进攻中，晋文公对当年施惠于他的人都慷慨报恩。

　　楚国本想挫败晋国成就霸业，可现在晋国却拉拢了那么多国家，深感形势逼人，于是广集粮草，训练军队，抓紧备战。大将成得臣率领楚军，浩浩荡荡，气势很盛，主动迎敌。

　　看到这情形，晋文公也忧心忡忡，胜负难料。因此，他十分谨慎，即下令晋军"退避三舍"。

　　当时，每天行军30里为一舍，退避三舍即退后了90里。晋军将士很不理解，狐偃就让人向军士广为宣传，说这是晋文公为了报答当年楚王的恩惠，实现以前的诺言。而实际上，这也是激将之法，激励晋军士气，也是在树立晋文公的威望。

　　楚军见状，却以为晋军后退是因为惧敌，所以一直追到城濮才驻扎下来。晋军已经有了秦国、齐国两个军事大国的支持，可以说是有备无患，在心理上建立了必胜的信念。在战术上，灵活巧妙地运用战术，先是诱敌深入，然后分别击垮实力较弱的左右军，迫使成得臣的中军不敢恋战，丢盔卸甲地逃跑了。这样，这场历史上著名的城濮之战就以晋军大胜楚军大败而告终。楚军失败后，成得臣深感难辞其咎，畏罪自杀了。

晋文公听到这一消息后，如释重负地长吁了一口气："没有人再能妨碍我了！"从此，晋文公确立了霸主地位。

■故事感悟

晋国由乱到治的过程引人深思。乱世出英雄，重耳两次迫不得已地以退为进，可以说是做出了正确的选择。他利用以柔克刚、以退为进的处世方式，让自己获得了喘息、休整、积蓄力量的机会，最终战胜楚国，成就霸业。城濮之战中的"退"也是为了"进"，这是高明的智慧。

■史海撷英

寒食节

寒食节是在清明节的前一天或两天，寒食节的起源与晋文公重耳有着密切的联系。

重耳在卫国的时候，有一段时间遭到了冷遇，没有饭吃，甚至靠野菜充饥。一直享受荣华富贵的他，怎么能过得了这样的生活？

就在这时，重耳的下属介子推做了一件大事，就是把自己大腿上的肉割下来煮成肉汤给重耳喝。

重耳当时并不知道他喝的是什么汤，只是感觉特别好喝。有一次他问介子推，介子推回答说是麻雀汤。后来，重耳知道了真实情况，非常感动，就对介子推说："今后如果我当上了国君，必定会重重赏赐你。"

后来重耳果然当上了晋国的国君，却做了一件让人很想不通的事情：将他的属下都赏赐了，唯独没有赏赐介子推。介子推是一位真君子，当时

并没有去计较个人得失。

过了很长时间，晋文公才想起了这件事，想要赏赐介子推。但介子推婉言谢绝，并放弃功名利禄，带着母亲到绵山深处隐居去了。

后来，晋文公专程去绵山拜访介子推，想请他出山，介子推没有答应。不久，晋文公再次上山，恳请介子推下山辅佐自己，介子推还是不肯。

一些嫉妒介子推的人便给晋文公出了一个馊主意：放火烧山，只从三面烧，留出一面，逼迫介子推出山。晋文公采纳了这个主意，命令烧山，但他手下的人并没有完全按照计划三面烧山，而是四面烧山，结果将介子推和他母亲活活烧死了。

晋文公知道后，非常悲痛，也非常后悔，于是下令全国在这一天不准点灯、煮饭，只能吃冷食。从那开始便有了"寒食节"。

介子推烧死时，将母亲环抱在一棵大柳树前，抱着的那棵大柳树依然存活着，晋文公就将这棵柳树命名为"清明柳"。

由于清明节的节气在寒食节的第三天，随着时代变迁，逐渐把寒食的习俗移到了清明之中。宋代以后，寒食节扫墓的风俗也移到了清明之中，踏青春游、荡秋千等习俗也只在清明时举行。这样，清明节便由一个单纯的农业节气上升为重大的节日了，寒食节的影响也就消失了。但寒食的习俗却通过多种方式传承下来，并保存到了清明节当中。这也是清明节的来历。

■ 文苑拾萃

清　明

（宋）黄庭坚

佳节清明桃李笑，野田荒冢只生愁。
雷惊天地龙蛇蛰，雨足郊原草木柔。

人乞祭余骄妾妇，士甘焚死不公侯。
贤愚千载知谁是，满眼蓬蒿共一丘。

悼念介子推

（清）傅山

青松白梧十里迥，楂青抵白祠堂幽。
晋国园陵迷草木，绵田香火动春秋。
名更卖扇传东海，身隐承颜肖故邱。
还虑寒山太枯寂，婉客分到牡丹头。

文种七条灭吴之策

文种（？—前472），字会，一作子禽。春秋末期著名的谋略家。越王勾践的谋臣，为勾践灭吴制订了称为"伐吴七术"的7种方案，和范蠡一起为勾践复国立下赫赫功劳。公元前472年，灭吴后，文种自觉功高，不听从范蠡劝告，继续留下为臣，后被勾践逼死。

春秋战国的末期，南方的吴、越两国一直在打仗，都想称王称霸。在一次战斗中，吴王阖闾受重伤后死亡，夫差即位三年后，准备向越国报仇。

吴国军队在周密的计划后开始行动，并且很快就包围了会稽山。

越王勾践被包围后无计可施，就同大夫文种商量主动讲和。文种分析吴国内部的情况后说："吴王有两个大臣，一个叫伍子胥，一个叫伯嚭。伯嚭担心伍子胥的功劳太大，会压住自己的权势，总是设法与他作梗。此外，夫差很怕伍子胥，见了他总像是学生见了老师一般，但和伯嚭却很投缘。因此，如果我们先打通伯嚭的关系，伍子胥一个人想阻止讲和，恐怕也阻止不了了。"

于是，勾践就派文种前去一试。文种想方设法找到伯嚭后，送上了大量的金银财宝和美女，并请求伯嚭在夫差面前通融以求讲和，并对伯嚭说："自古以来，征战杀伐无非是为了让别的国家臣服，现在我们已经臣服了。如果您不允许越国讲和，越王的五千甲士还会冒死一拼，我们会烧掉房屋，毁掉财宝，那你们就什么也得不到了。我们越国就是看您比其他的人都高明，所以才来跟您通融的。"

伯嚭听后，觉得蛮有道理的，就被文种说服了。当晚，伯嚭也是用这一套说辞最终说服了夫差。

可是，在第二天君臣聚会议事时，伍子胥坚决反对。他说："大王如果不灭掉越国，就不能报先父之仇，而且吴、越两国同处东南，一山不容二虎，这个地方是不能有两个国家同时存在的。现在不乘胜追击，将来咱们肯定会被越国消灭的。"

伯嚭说："越王已经说了，他们甘愿做臣下，并愿意来吴国亲自奉侍大王，这也就等于报了先王的仇。您当初给父兄报仇后，为什么不立即灭掉楚国，反尔答应楚国求和呢？难道您愿意自己树威信，让大王做刻薄小人？"

伍子胥听到此话，气得浑身发抖，无话可说。在这种情况下，吴、越两国成功讲和。

之后，越王勾践留下文种在国内治理国家，自己带了夫人、子女及范蠡等300名官吏来到吴国。此后，勾践在吴王面前卑躬屈膝，亲自侍奉吴王的生活起居。吴王被一时的假象所迷惑，很是感动，就把勾践放了回去。

勾践一回国，立刻同文种商量富国强兵以灭吴国的方法，最后文种设计出了7条灭吴之策：

1.继续行贿吴国，让吴国上下欢喜；

2.大量借、买吴国的粮食，弄空他们的仓库；

3.多送美女给吴王，诱使他荒淫无道；

4.多给吴国送木材、砖瓦，让他们大兴土木，消耗国力；

5.多派遣细作去当吴国的臣下，从内部瓦解；

6.收买大臣，散布谣言，使那些忠臣良将无立锥之地，不能为国效力；

7.自己囤积粮草，招兵买马，大举练兵。

于是，勾践开始了他的10年计划。首先，在婚娶生育上明确规定：年长者不得娶年轻的夫人；男子20岁，女子17岁还没有结婚的，父母受罚；怀孕就要生孩子的女人必须要报官登记，国家派医官予以照顾，以保证婴儿的成活；生男孩的，国家给一壶酒和一头大猪；生女孩的，赏一壶酒和一头小猪；有两个孩子的，国家养活一个；有三个孩子的，国家养活两个；七年之中，国家免征一切税收。

不久，吴王准备建造一座姑苏台，越王知道消息后，就送去了几根难得一见的大木料。吴王为了不糟蹋这些大木料，就把姑苏台加高加宽了一倍多，并对越王的忠心感到十分满意。越王看到自己的第一条计策取得了非常满意的效果，就开始实施自己的第二条计策——美人计。

勾践交代给范蠡最重要的任务就是去找美女，范蠡说："我早就替大王找到了最佳人选，而且我找的人也心甘情愿去吴国，甚至愿意为国捐躯。她叫西施，是越国最漂亮的姑娘，不仅美丽，还秀外慧中。我们再派一个帮手一同前往，完成大王的使命轻而易举。这个帮手我也找好了，就是郑旦。"

次日，勾践就派人把西施和郑旦送到了吴国。

吴王一见到西施倾国倾城的美貌后，对其宠爱有加。尤其是西施不凡的谈吐和超人的见识，令吴王在喜爱之余更是倍加呵护。

秀外慧中的西施内心非常清楚，吴王身边美女如云，他对自己的喜爱只是一时的新鲜，只靠色相迷惑吴王是不会长久的。要想加速吴国的败亡，除了用美色诱惑他之外，还要以自己的见解取得他的信任，设法参与朝政，寻找机会搅乱吴国。

于是，西施不断蛊惑吴王夫差四处挑战，以争霸天下。期间，吴国在一系列战争中都取得了胜利，吴王认为这都是西施带来的好运，更加宠信西施了。

勾践见第二条计策生效，就开始启用第三条计策——掏空吴国的国库。有一年，越国的收成不好，越国大夫文种就借机向吴国求借10万石粮食，并明确表示，明年晚秋稻子收获后就归还。

吴国的大臣们对此事议论纷纷，有的怕借了不还，有的怕越人有诈，也有人说越国年年都进贡，他们一时遇到困难，我们连粮食都不肯借给人家，也太不近人情了。

在议而未决的情况下，吴王问西施，西施说："大王亏得还想称霸天下，连这一点小事都决断不了，如果不懂，学学前人的样子好了。早先齐桓公在葵丘大会诸侯的时候，就号召大家救济遭到饥荒的国家，后来秦穆公还卖了大批的粮食去救济敌国的百姓。现在越国已经归附大王，我也已经是大王的人了，你还犹豫什么呢？俗语说：'民以食为天。'你不借粮给他们，难道让他们都活活地饿死吗？"

西施旁征博引地说了这么一通，让吴王佩服之余更是无话可说，当时就答应借10万石粮食给越国。

第二年，文种如数送还了这10万石粮食。

吴王见越国这么讲信誉，十分高兴。又见送来的稻子颗粒饱满硕大，就下令用这10万石稻谷当做种子。

不曾想，吴人种上这批种子以后迟迟不见发芽，等到发现种子都烂在地里想要更换时，早已误了耕种的季节。吴国这一年几乎是颗粒无收。

吴人只知道埋怨吴王不了解种子的水土差异，拿越国还回来的稻谷做种子，哪知道这些稻谷都是被文种煮过晒干的，种在地里是无论如何也长不出苗的。勾践想掏空吴国国库的计划逐步得以实施。

越王见吴国闹了饥荒，认为时机已到，想发兵攻打，但被文种劝阻说："现在攻打为时尚早，因为伍子胥尚未除去，吴国仍然兵强马壮，军队也全在国内。目前我还是建议先按兵不动，等待最佳时机。"

这个时候，越国操练兵马的事被吴王知道了，就勃然大怒，打算再次征伐越国。同时，齐国和鲁国之间也在打仗，混乱境况下，吴国采纳了孔子的弟子子贡的劝说，先进攻齐国以帮助鲁国。越王见机行事，便委曲求全地自愿派3000名甲士前往助阵，在强大的攻势下，齐国战败了。

吴王非常兴奋，庆功会上各有封赏，甚至想封给越国一些土地。大臣们都称颂吴王赏罚分明，唯有伍子胥规劝说："大王不要只听奉承阿谀的话，打败了远方的齐国，并没有什么大收获，不过是占了一点儿小便宜而已。将来如果有一天越国强大了，吞吃了咱们，那才是灭顶之灾啊！我的劝谏大王如果不听，那就让我效法关龙逢、比干好了。"

伯嚭见时机来临，立刻插话说："好像就你是忠臣。如果你真是忠臣，为什么把儿子寄养在敌国齐国呢？"

原来，在齐、吴尚未打仗以前，夫差让伍子胥送国书给齐国，国书是辱骂齐王的，目的在于激怒齐王杀了伍子胥。齐国大夫鲍息是伍子胥的好友，替他在齐王面前说了许多好话，再加上齐王害怕吴国，怕杀伍子胥挑起事端，才把他放了回来。

伍子胥回家后，就把自己的儿子伍封送到鲍息家，寄养在那里。因为他十分清楚，就吴王目前的所作所为，吴国是一定不会长久的。这次被伯嚭当众揭出，十分尴尬，也惹恼了吴王。吴王说："念你在先王时立过大功，我不为难你，你以后也别来见我了。"

吴王回去跟西施说这件事，西施深知伍子胥的厉害，虽然暂时被吴王疏远，但只要不杀了他，就有复出的机会，那对越国是极为不利的。她决心借此机会除掉伍子胥。

于是，西施就在吴王面前极尽谗言，不断游说。被逼无奈，伍子胥终于自杀了。西施见最大的障碍已经除去，就肆无忌惮地鼓动吴王继续北上，逐鹿中原，争取霸权。

公元前486年，吴王动用大量民工挖掘直通淮河的运河。公元前484年，他从水路出发进攻齐国，在艾陵（今山东泰安）大败齐军，由此更加相信水军的力量，并征发大量民工，消耗无数的财力贯通长江、淮河、泗水、沂水、济水等几大水系，甚至从吴国坐船就能直达齐国。因为大量的开挖建设，吴国的人力、物力、财力损耗十分严重。

公元前482年，吴王带领大军前往卫国的黄池约会诸侯，要请当时的霸主晋定公来"歃血为盟"，推荐吴国做盟主。

越王见吴国几乎空城，立即派范蠡为大将攻打吴国，连打胜仗。夫差得到消息后，用武力逼迫晋定公等推他为盟主，随后匆匆回师与越国交战。但终因旅途疲劳，军心涣散而节节败退。在这种状况下，吴王只好派伯嚭去讲和。范蠡深知，吴国虽然一时战败，但强大的国力还能保障吴国的根基，越国暂时还不是他们的对手，于是撤兵讲和。

公元前478年，越国再次兴兵伐吴，这时的吴国已经衰败不堪，难以抵挡越军的攻势了，吴王只得退守姑苏城。因城墙坚厚，一时难以攻打，越国就采取了长期围困的战术。围了两年，终于，姑苏城"士卒分散，城门不守"。

公元前473年，姑苏城被攻破，夫差率众逃到姑苏台上，派王孙雄袒衣、跪行至勾践面前说："以前吴王在会稽得罪了您，不敢和您做朋友了，我们只求能够成为您的俘虏，以赎罪过。"

越王看到之后心有不忍，想要答应，范蠡见状忙上前说："往日上天把越国赐给了你，你上违天命不好好珍惜，才导致了今天的下场。现在，上天把吴国赐给了我们，我们如果也像你们一样，那就有违天理了。"

范蠡毅然决然地擂鼓进军，乘胜追击，迫使吴王自尽，吴国灭亡。

终于，吴国全部的国土都归属了越国。

■故事感悟

吴、越争霸是春秋末年最后一次大规模的霸权之争，霸主地位先后易手。在历史上著名的勾践卧薪尝胆、矢志灭吴的故事中，文种才是最为关键的人物。正是他在关键时刻的出现，用自己的智慧帮助勾践渡过了难关，他的七计灭吴法更是充满了智慧。更让人叫绝的是，勾践只运用了三步就成功地灭掉了吴国。可见，智谋的作用是多么巨大。

■史海撷英

伍子胥报父仇

楚庄王的孙子楚平王即位后，楚国渐渐进入衰落时期。

公元前522年，楚平王准备将原来的太子建废掉。这个时候，太子建和他的老师伍奢正在城父（在河南襄城西）镇守。楚平王生怕伍奢不同意，就先把他叫来，污蔑说太子建正在谋反。伍奢百般辩解之下，还是被投进了监狱。

楚平王一面派人去杀太子，一面又逼伍奢写信给他的两个儿子伍尚和伍子胥，骗他们回来一起除掉。伍尚不明就里，回到郢都后就与父亲一起被楚平王杀害了。而太子建因为事先得到风声，带着儿子公子胜一同逃往宋国。

伍奢的另一个儿子伍子胥从楚国逃出来后，赶到宋国，找到太子建。不巧，宋国当时正发生内乱，伍子胥无奈，只好又带着太子建和公子胜逃到郑国，可郑国的国君郑定公却不愿意帮助他们。

太子建当时报仇心切，竟然勾结郑国的一些大臣，想强行夺权，结果被郑定公杀了。伍子胥只好又带着公子胜投奔到了吴国（都城在今江苏苏州）。

伍子胥到吴国时，吴国的公子光正想夺取王位。伍子胥想方设法接近公子光。在他的帮助下，公子光杀了吴王僚，自立为王，这就是吴王阖闾。

吴王阖闾即位之后，封伍子胥为大夫，让伍子胥帮助他处理国家大事；同时，阖闾还启用了一位将军孙武，孙武是个善于用兵的大军事家。吴王依靠伍子胥和孙武这一文一武的力量，整顿兵马，轻易地兼并了临近的几个小国。

公元前506年，吴王阖闾封孙武为大将，伍子胥为副将，率军向楚国进攻，把楚国军队打得七零八落。吴王大军乘胜追击，一路打到了郢都。

那个时候，楚平王已经死了，他的儿子楚昭王也逃跑了。伍子胥想到曾经受过的屈辱和一路奔逃的辛酸，真是恨透了楚平王，便将他的尸首挖出来，用鞭子狠狠地鞭打，刨了他的坟都觉得不解气。

范雎"远交近攻"之策

范雎（？—前255），祁姓，范氏，字叔，名雎。战国时魏国人，秦昭王宰相。封地在应城（今河南鲁山之东），所以又称为"应侯"。他上承孝公、商鞅变法图强之志，下开秦皇、李斯统一帝业，是秦国历史上继往开来的一代名相，也是我国古代在政治、外交等方面极有建树的谋略家。李斯在《谏逐客书》中曾高度评价范雎对秦国的建树和贡献："昭王得范雎，强公室，杜私门，蚕食诸侯，使秦成帝业。"

范雎早年家境贫寒，虽满腹经纶，却无以自资，只好暂时投靠魏国中大夫须贾的门下。

有一次，须贾奉魏王之命使齐通好，范雎跟同前往。当时正值齐襄王即位，齐国日益强盛之时。由于魏国曾参加燕国大将乐毅率领的五国联军攻打过齐国，并逼死了齐缗王，魏王害怕齐国的报复，就让须贾来缓和两国的紧张关系。谁知须贾是个懦弱无能之辈，在齐王的严厉质问下哑口无言。

就在这个关键的时候，范雎挺身而出，严正指出，齐缗王骄暴无厌，五国同仇，岂独魏国？今大王光武盖世，应思重振桓威之余烈。如果斤斤计较齐缗王时的恩恩怨怨，但知责人而不知己过，恐怕又要重蹈齐缗王的覆辙了。

一番话后，齐王怒气平消，非常佩服范雎的才能，特赐他十斤黄金和牛酒。哪知须贾为人嫉贤妒能，回国后竟向国相魏齐诬告范雎"持魏国阴事告齐"。

魏齐大怒，命人将范雎打得折肋掉齿，还把他放在厕所中，任宾客便溺其上。奄奄一息的范雎受尽了侮辱。他私下买通了看守，谎称已经死去，才逃出了地狱，藏匿于民间，化名为张禄。

公元前271年，秦昭王派遣王稽使魏，范雎的密友郑平安趁机向他推荐了范雎。经过一夜的长谈，王稽认定范雎是个不可多得的人才，将他带回秦国。

范雎入秦后一年多，一直没有机会觐见秦昭王。公元前270年，秦在丞相魏冉的坚持下，跨越韩、魏去攻打齐国的刚、寿二地。

自秦昭王即位后，以宣太后为中心，形成了穰侯、华阳君、泾阳君和高陵君等宗亲贵室势力。他们专权专制，其私家富有甚至超过了王室，使昭王如芒刺在背，有苦难言。此次出战，也并非出自昭王本心。

范雎抓住这个时机，基于对昭王内心世界的分析判断，向昭王上书，直刺宗室专权，说中了昭王的心病，同时又信誓旦旦地保证自己有治国的良策，这样使秦昭王不得不召见他。范雎费尽心机，终于叩响了成功的大门。

在与秦昭王的对话中，范雎首先分析了秦的优势。范雎认为，秦"四塞以为固，利则出攻，不利则入守"，地理条件优越，经过变法图强，秦得"以秦卒之勇，车骑之众，霸之业可致也"。

　　果然，昭王面露喜色，谈话的气氛缓和了。接着，范雎批评了当前秦国的政策，造成"闭关十五年，不敢窥兵于山东"，而这一切都归罪于为人臣的失职。这里巧妙地为昭王开脱了罪责，果然昭王很诚恳地说："寡人愿闻失计。"

　　范雎考虑到自己初涉秦廷，羽翼未丰，不敢言内，便先谈外事，借以观察秦王的态度。他说："夫穰侯越韩、魏而攻齐刚、寿，非计也。少出师则不足以伤齐，多出师则伤秦。"

　　为了加强说服力，范雎还举出齐缗王远征楚国，导致内部空虚，因而被韩、魏袭击的史实。

　　同时，范雎又提出了自己的看法："王不如远交而近攻，得寸则王之寸也，得尺亦王之尺也。"

　　这就是历史著名的"远交近攻"的战略思想，为秦逐个吞并六国最后统一中国奠定了基础，对后世的影响相当深远，为中国政治、外交思想史增添了重要的一页。

　　范雎在"远交近攻"的策略指导下，进一步阐明了具体的措施。他说，韩国和魏国处于中原地区的枢纽位置，秦若想成得霸业，必先控制这一地区，然后使赵、楚归附，这样齐国必然会畏惧，一时不敢与秦争锋。在秦的国势强大到压倒各国的情势下，便可一个个消灭魏、韩等，最后灭齐，一统天下。

　　秦昭王很赞赏范雎的战略原则和具体布置，遂拜他为客卿，参与国家大政，主持兵事。两年后，即昭王三十九年（公元前268年），昭王用范雎谋略，派重兵伐魏，攻克怀，两年后攻克刑丘。

　　在秦的凌厉攻势下，六国大为惊恐，企图谋求暂时的联合，共同对付秦国。有一次，各国的谋臣在赵国邯郸集聚，打算合众而攻秦。范雎深知一旦六国联手，对秦国大为不利；同时他也明白，各国战争已久，积怨太深，且各怀私心，所谓团结，不过是为求得自己的好处罢了。于是范雎派名士唐雎携带大量财物前往邯郸，贿赂各国谋臣，挑拨他们的关系，终于使"天下之士，大相斗矣"。

范雎的一系列功绩，使他日益得到昭王的宠信，在秦国的政治地位也大大提高。

范雎认为，是该向内政沉积已久的弊病开刀的时候了，于是向秦昭王进言说："我听说善于治理国家的君主，就是对内巩固自己的威信，对外重视自己的权力。穰侯派出的使者窃取大王的权威，对各国发号施令，在天下结盟立约，征伐敌国，没有谁不听从。有首诗说：'果实太多会压折桠枝，折断桠枝会伤害树心；属国大了会危害宗主国，尊崇臣子会使君主卑微。'现在我听说秦国太后和穰侯当权，高陵君、华阳君、泾阳君辅佐他们，终究会要取消秦王。我私下替大王害怕，百年之后，统治秦国的恐怕不是大王的子孙了。"

昭王听了果然十分恐惧，说道："好。"于是废黜了太后，将穰侯、高陵君、华阳君、泾阳君驱逐回他们的领地。又任命范雎为国相，封以应城，号为应侯。

从此，以秦昭王为首的中央政府的权力更加集中了。这是秦国历史上的重大变革。范雎的"固本削枝"策略从根本上促进了从封建割据走向大一统，推动了历史的进步。这是范雎对秦吞并六国统一中国大业的杰出贡献。

范雎不仅是一位政治家，更是杰出的军事家。公元前260年，秦赵战于长平。秦兵虽然勇武善战，但赵军老将廉颇行军持重，坚筑营垒，等待时机，按兵不动。秦昭王无可奈何，问计于范雎："廉颇智多，知秦军强不轻易出战。秦兵道远难以持久，战事如久拖不决，我必陷泥沼之中而不能自拔，为之奈何？"

范雎也意识到了局势对秦不利，他认为只有除掉廉颇才会出现转机。于是，他策划出了一个"反间计"。

范雎暗地派人进入赵都邯郸，用重金贿赂赵王的近臣，散布谣言说："廉颇老而怯，屡战屡败，现已不敢出战，又为秦军所迫，不日即将出降。秦军最惧怕的是赵将赵奢之子赵括，年轻有为且精通兵法，如若为将，锐不可当。"

赵王闻之，偏听偏信，匆忙拜赵括为上将，持书前往长平以代廉颇。

赵括虽为名将之后，也精通兵书，但只限于纸上谈兵，呆板拘泥不会灵活运用。赵奢在死前曾上书告诫赵王，不要使他儿子为三将，可惜赵王没有听进去。

与此同时，秦国秘密派名将白起为主将，试图出奇制胜。一经交锋，白起佯败。赵括喜出望外，穷追不舍，结果被秦军左右包抄，陷入重围。

赵括被围困达46天，粮草断绝，士兵自相杀食。赵军的几次突围都未成功，赵括也中箭身亡。秦军大获全胜，坑杀40万赵兵。这就是历史上著名的长平之战。

从此，雄踞北方的赵国一蹶不振，走上了衰亡的道路。而战后的秦国则更加强大，雄视天下。

范雎相秦十余年，对秦国的历史发展起到了继往开来的挂动作用。尽管他也难以避免政治品格上的瑕疵，但仍不失为秦国历史上的名相。作为我国古代不可多得的谋略家，范雎提出了"远交近攻"的策略，给中华民族的外交奇计宝库增添了一份光彩。

■故事感悟

春秋战国时期，狼烟迭起，群雄逐鹿中原。谋臣、智士忙碌的身影奔走于战火硝烟之间，有连横、有合纵、有离间，他们绞尽脑汁想要置对方于死地。这时，范雎在群士中脱颖而出，他考虑的岂止是敌国的土地、人口，他心中装的是天下。远交近攻，助秦国越来越强大；雄视六国，为最后秦国统一天下奠定了基础。

■史海撷英

范雎辱须贾

周赧王三十九年，也就是公元前276年，魏王听说秦昭王想用范雎的谋略东伐韩魏，就急忙召见大臣们商议。

信陵君胆子比较大，极力主张要发兵迎敌；相国魏齐则认为，秦军的势力强大，魏军相对较弱，建议派遣使节前往谈判求和。

魏王听取了各方意见并分析了当前局势，最后决定，派中大夫须贾去秦国议和。须贾领命后直奔咸阳，到了咸阳下榻于馆驿。

范雎知道魏王派遣须贾来咸阳议和，就脱掉官服，穿上破破烂烂的，显得非常落魄，然后来到馆驿。

须贾一见来人是范雎，大吃一惊，说："先生你没事吧？我以为先生被魏相打死了，你是怎样逃过劫难的？"

范雎回答说："当年我被弃尸荒郊，幸亏命大醒了过来，有一位路过的人帮忙搭救，后来一直在秦国做事糊口，为人做工，就这样马马虎虎地勉强活着。"

须贾听他说到这里，非常同情范雎的遭遇，找来很多吃的东西给他。

当时正是数九寒天，范雎穿的衣服单薄而又破旧，冻得他直打哆嗦。须贾看到他这个样子非常感叹，说："范先生怎么会落魄到如此地步啊！"

于是，须贾就让随从人员拿出一件绨袍披在范雎的身上，接着又问他："我听说秦国丞相张禄的权势很大，我想去见见他，可是没有熟人引见。你在秦国这么长时间了，能不能帮我找个人引荐一下啊？"

范雎说："我在一个官宦人家打工，我的主人与张丞相关系不错，跟他说说他应该会答应的。"又为须贾借了一套驷马大车，以便于须贾驱车前往。

大街上，范雎亲自为须贾驾驱马车。街市上的人看见丞相亲自驾车而来，都纷纷疾走回避，须贾感到很惊异。

走到相府门口，范雎转身对须贾说："你先在这里稍等片刻，我先进去通报一下。"

须贾在门外等了很长时间，一直没见范雎出来，就有点着急，问门口的守卫："我的朋友范叔进去通报，很长时间都没有出来，您能为我招呼一下吗？"

守门人感到很奇怪，说这里并没有什么"范叔"呀。守门人告诉须贾，范雎就是张禄，是当今秦国的丞相。须贾大吃一惊，忙脱袍解带，慌慌张张跪于门外，托守门人报告说："魏国罪人须贾在外领死！"

范雎在鸣鼓之中，缓步而出，威风凛凛，坐在堂上。须贾战战兢兢，跪伏不起，连称自己有罪。范雎历数了须贾的三大罪状后，说："你今天来到这里，本来应该砍掉你的狗头，以酬前恨。考虑到你还念旧情，以绨袍相赠，所以暂且留你一条狗命，滚吧！"

须贾连连磕头称谢，狼狈地退出了大堂。范雎以他的英雄气概，不仅羞辱了须贾，也使魏国的议和之计以失败告终。

■文苑拾萃

范　雎

（北宋）王安石

范雎相秦倾九州，一言立断魏齐头。
世间祸故不可忽，箦中死尸能报雠。

张良审时度势助刘邦

张良（？—前186），字子房，封为留侯，谥号文成。祖籍颍川，城父（今安徽亳州市）人。张良是汉太祖刘邦的谋臣，汉王朝的开国元勋之一，与萧何、韩信同为汉初三杰。

楚汉相争时，刘邦被困在荥阳。他为了争夺天下，争取各方的支持，就让他的谋士郦食其给他出谋划策。

计谋一出，立刻遭到了张良的极力反对，张良从社会发展、形势变迁和人事转化三方面帮助刘邦分析和确定了当时的策略。应该说，刘邦之所以能够打败项羽，取得最终胜利，很大程度上都得益于张良这一充满智慧的分析。现在看来，这场在政治预测方面的交战还是那么惊心动魄。

张良身体不好，从来没有亲自带兵打过仗，而是作为筹谋划策的大臣始终跟随着汉王刘邦。

汉高祖三年（公元前204年），项羽把汉王重重包围在荥阳城里。刘邦忧心如焚，就与郦食其商量如何削弱楚国的力量。

郦食其说："过去商汤在讨伐夏桀时，封夏桀的后代于杞；周武王在讨伐殷纣王时，封殷纣王的后代于宋地。现在的秦朝残暴无道，用杀伐灭掉了六国，使六国后代连立足的地方都没有。陛下您如果重新立六国的后代为王，这些后代必定争着来拥戴您的大恩大德，情愿作为您的臣子和姬妾。大德大义风行于各个诸侯王那里，您就可以西南称霸，楚国必定整肃衣冠，毕恭毕敬地来拜见您。"

汉王说："很好，赶快催促刻六国王印，先生出发分封时就可以带印前往了。"

郦食其的这番话，即使是现在我们看来，也会觉得很有道理。但是经过张良的分析，我们才恍然大悟，如果按照郦食其的话去做，那就真的大势去矣。

郦食其还没有走，张良从外边来谒见汉王。刘邦正在吃饭，说："门客中有人给我献了一个削弱楚国的计策。"

随后，刘邦就把郦食其的计策详细地告诉了张良，然后问道："子房啊，你觉得这怎么样？"

张良问："这是谁给大王出的计策？陛下的事业完了。"

汉王说："为什么呢？"

张良说："我请借您面前的筷子为您指画形势。过去，商汤讨伐夏桀，周武王讨伐商纣而封了他们的后代为王，是有把握致夏桀王、商纣王于死命，现在陛下您有把握致项羽于死命吗？这是不能采用这个计策的第一个原因。"

"周武王进入殷朝，标榜商荣的里门，到箕子门前抚车轼以示敬意，修封比干的坟墓，现在陛下您能做到吗？这是不能采用这个计策的第二个原因。"

"把殷纣王积粟之仓钜桥里的粮食都分发出去，把殷纣王储财之所鹿台的财物都分发出去用以接济贫穷的人，现在陛下您能做到吗？这是不能采用这个计策的第三个原因。"

"在殷朝的战事一结束，就停罢军用的车辆改作乘人之用，把刀枪剑戟都倒着装载，表示不再用了，现今陛下您能这样做吗？这是不能采用这个计策的第四个原因。"

"把军马散放在华山的南边，表示没有什么用处了，如今陛下能做到这样吗？这是不能采用这个计策的第五个原因。"

"把运输军用的车马都放在了桃林塞的原野上，表示天下不再有运输和积聚，现在陛下您能做到这样吗？这是不能采取这个计策的第六个原因。"

"而且，天下的游说之士，离开了自己的父母，抛弃祖坟边的热土，离开有交谊的老朋友，跟从陛下您，只是日夜盼望能得到一块很小的土地。今天去拥立六国的后代，没有土地去封有功劳的人，游说之士各自回去给自己的主公干事去了，跟自己的家人团聚，跟自己的老朋友见面，还有谁愿意跟着陛下一起夺取天下啊？这是不能采取这个计策的第七个原因。"

"楚国不强倒还罢了，强则六国必定屈服跟随楚国了，陛下你到哪里去找在您面前称臣的六国后代呢？这是不能采取这个计策的第八个原因。如果您用这个计谋，陛下的事业就完了。"

张良的这番话极具说服力，前半部分轻描淡写也就罢了，后半部分振聋发聩、醍醐灌顶。幸亏有张良这样的良臣，也幸亏刘邦能够及时醒悟，如果他不考虑张良的谏言或是采纳的时机不对，别说是打败项羽建立大汉王朝，恐怕死无葬身之地也未可知了。

张良的雄韬大略足见他的足智多谋，就在他说了这番话不久，占据着齐地的韩信就派来使者求见刘邦，要求封他为齐地的假王。

刘邦一听勃然大怒，心想，你韩信不及时前来救驾也就罢了，还趁火打劫要挟封王。后来还是张良谏言，建议汉王封他为真齐王，稳住了韩信，最终打败了项羽。如果按照郦食其的计策，封了六国的后代为王，那韩信一定会反叛刘邦。

由此可见，汉朝的兴亡成败，有一大部分要归功于张良这位足智多谋的政治家。

■故事感悟

在漫长的封建社会里，改朝换代和你争我夺是经常发生的事，所以，高瞻远瞩、预知未来就成为统治者必不可少的政治素质。在秦汉改朝换代之际，张良无疑是一位最具智慧的人，他善于分析社会发展的方向以及形势变迁，关键时能做出洞若观火的政治预测，从而为刘邦最终建立西汉王朝立下了汗马功劳。

■史海撷英

张良劝主安民

刘邦率领大军进入咸阳，看到秦宫里金碧辉煌，一派祥和之象，就被胜利冲昏了头脑，想留在宫中安享富贵。

武将樊哙看到这种情况颇为担忧，就冒死劝谏，甚至斥责刘邦是想要享受富贵丢弃天下。刘邦对他的劝谏根本不予理睬，依然我行我素，莺歌燕舞贪享快乐。其他的贤达志士见他这样，都心急如焚却又束手无策。

关键时刻，张良向刘邦规谏："秦王就因为有太多的不义之举，做了太多的坏事，才给了您一个推翻他的机会，您也才有机会进入咸阳秦宫。这样的举动等于是为天下人铲除了祸害。如果您能布衣素食，率先垂范，会获得更多百姓的拥戴，从而使汉王江山更加稳固。而现在，大军刚刚入秦，您就不顾朝政安于享乐，这跟秦王有什么两样？常言说，良药苦口利于病，忠言逆耳利于行。希望您能接受樊哙等人的规谏。"

张良一番推心置腹的话语，隐隐地刺痛了刘邦近乎沉醉的心。在说服时，张良语气平稳，软中有硬，这种紧打慢唱的手法，引起了刘邦的深思。

终于，刘邦接受了张良的建议，下令封存了秦朝宫宝、府库、财物等，还整编部队，优待项羽等各路起义军，获得了众人的尊敬。

在此期间，刘邦还采纳张良建议，召集各县的父老、豪杰，与他们约法三章："杀人者必须偿命，无故伤人和偷盗窃取必须伏法。"同时还下令通告四方："虽然朝代更替，但大家不必担心，汉王将废除秦朝不公正的法律，秦国从前的兵吏还在原来的部门不做大的变化，还是由他们来保证一方水土的平安，百姓生活会受到保护。"

另外，刘邦还派人与秦吏一起巡行各地，将此告知传达到各地。此举博得了秦民的一致拥戴，争先恐后地用牛、羊、酒、食慰劳军士。刘邦见状，又命令军士不得接受百姓的馈赠，明令禁止："军中粮食充足，不得劳民破费。"

秦地百姓看到汉王如此爱护百姓，都发自内心的高兴，积极拥戴刘邦，甚至唯恐刘邦不做秦地之王了。

郭嘉擅长知彼知己

郭嘉（170—207），字奉孝。颍川阳翟（今河南禹州市）人。本属于东汉末年群雄袁绍麾下，后成为曹操麾下重要谋士，任司空军祭酒，封洧阳亭侯，死后谥为贞侯。

郭嘉生活的时代，正值天下大乱、社会动荡。东汉末年，郭嘉隐姓埋名，闭门苦读，学富五车，并对事物有着自己的独到见解，立下了非常宏大的志愿。

因为见解独特，郭嘉平时结交了许多英雄豪杰，很少与那些庸庸碌碌的人打交道，得到了众多仁人志士的赞许。27岁那年，郭嘉来到了当时的国都洛阳。

建安初年（196年）时，袁绍拥有黄河以北的多个属地，又以礼贤下士著称。郭嘉听说后，慕名前往邺城（今河北临漳县西南）去拜见袁绍，成了袁绍的部属。

在邺城住了一段时间后，郭嘉通过一些事情看出袁绍并不是一个真英雄，很难成就霸业。他慎重考虑后，决定重新选择有远见、有作为的君主。他还对袁绍的谋士辛评、郭图等人说："智谋之士应该谨慎地选择君主，然后尽力辅佐他，方能成就大业，立功扬名。袁绍只知道效仿周公姬旦礼贤下士，却不懂得用人之道。他猜疑心重，眼界不宽，优柔寡断，要想与他共事都很难，想要完成霸业会更加困难。"

辛评、郭图对郭嘉的这番话很不以为然。见此情景，郭嘉更觉得此地不能久留，便毅然决然地离开了邺城。

当时的曹操还不能与袁绍相提并论。曹操当时正求贤若渴，广招天下英才，他要求谋士荀彧替他寻找和举荐人才。郭嘉虽然年龄不大，却足智多谋，有很好的口碑。荀彧早就知道有郭嘉这么个人，就向曹操推荐了他。

于是，曹操派人召见郭嘉，与他畅谈古今天下大事。两人十分投机，相见恨晚。曹操高兴地说："能使我成就大业的，一定是郭嘉！"

郭嘉也很庆幸，自己终于遇到了贤明之君，因此也兴奋地说："曹将军正是我想投奔的明主！"

曹操面对强敌袁绍，有心想要征讨，便征询荀彧、郭嘉的意见。他问郭嘉："袁绍地广兵强，我想讨伐他，担心实力不足，你认为该怎样才好呢？"

郭嘉说："当年楚汉相争时，汉高祖刘邦的实力远远比不上项羽却以智获胜了。当时，项羽势力很强，最终却在乌江边自杀身亡。咱们可以借鉴历史来分析当今的局势。

我认为，袁绍有十败，而曹公你有十胜：袁绍虽然兵力强盛，曹公兵力也不弱，所以他的强盛无济于事，终将会被您消灭，这是兵胜。袁绍税赋繁多，民不聊生；而您却顺乎民意，社会安定，这是道胜。袁绍的举动属于叛逆；而您却是奉献帝之名号令天下，这是义胜。袁绍施政过于宽松，使豪强贵族有恃无恐；而您却注意抑制豪强贵族的势力，这是治胜。袁绍表面上宽宏大量，实际上气度狭小，用人又不放心、不信任，而且用人唯亲；您求贤若渴，广招天下英才，唯才是举，用人不疑，不分亲疏远近，这是度胜。袁绍优柔寡断，往往错失良机；而您却处事果断，善于随机应变，这是谋胜。"

郭嘉接着说："袁绍依仗门第，高谈阔论，沽名钓誉，追随他的都是一些贪图虚名而没有实际本领的人；而曹公您以仁义和诚心待人，勤俭朴素，不图虚名，对有功人员的赏赐毫不吝惜，所以天下有识之士都愿意辅佐您，这是德胜。袁绍放纵豪强，贪婪成性，民怨甚重，却只在表面上假仁假义；而曹公您虽不拘小节，但在大事上却十分清醒，运筹帷幄，您注重发展生产，恢复经济，安定社会，造福百姓，结交四海贤能，恩惠有加，这是仁胜。袁绍的部属间争权夺利，谗言惑乱；而您却用人有方，内部团结，上下一心，这是明胜。袁绍是非不分；而您却以礼和法治国，是非分明，这是文胜。袁绍喜欢虚张声势，却不懂用兵之道；您却善于以少胜多，用兵如神，全军将士都很钦佩，令敌人畏惧，这是武胜。曹将军您有此十胜，还担心不能战胜袁绍吗？"

曹操非常认可郭嘉的看法，认为郭嘉从双方政治、经济、军事、民心及个人素质等多方面所做的剖析非常到位，但要实现十胜的最终目标，还要有超人的智慧和艰难的过程。

196年冬，袁绍与吕布联合，进攻徐州战刘备。刘备战败后，也投奔了曹操。当时，谋士程昱建议曹操除掉刘备，郭嘉却有不同看法。

郭嘉说："曹公现在求贤若渴，刘备也是一代英才，如果今天杀了他，曹公一定会落下嫉贤妒能的名声，天下有识之士就不会再投奔曹操，而另选明君。到时候，谁来辅佐曹公平定天下呢？"

曹操认为郭嘉的话有道理，就不再提杀刘备的事了。

198年，袁绍率兵攻打幽州（今北京西南）的公孙瓒，围攻易京（今河北雄县）。郭嘉向曹操建议说："袁绍正攻打幽州，我建议乘此机会东取吕布。如果不先击败吕布，等袁绍夺取幽州后再回师南下，吕布和他互相呼应，会对我们构成很大威胁。"

曹操极为赞同，亲自率兵东征吕布，三战三胜。吕布节节败退，一直退到了下邳（今江苏睢宁县西北）。

这时的曹军因连续作战，军队有些疲乏。曹操准备撤退之时，郭嘉和荀攸都加以劝阻。郭嘉对曹操说："当年楚汉战争，项羽身经七十余战也不曾战败，却因为一朝失势，国亡身死，这就是因为他有勇而无谋啊。现在，吕布屡战屡败，内外交困。吕布的威力远不及项羽，所面临的困难却超过项羽。如果我们乘胜追击，吕布只有束手就擒。如果此时退兵，就前功尽弃了。"

曹操考虑再三，再一次采纳了郭嘉、荀攸的建议，指挥部队对下邳发起了更加猛烈的攻势，还挖掘渠道，引来沂水、泗水灌城。不久，城墙被水冲刷溃坏，宋宪等缚绑陈宫，出城投降。吕布率领部分残兵败将退守白门楼，结果也束手就擒。

郭嘉献计破城，又为曹操清除了一个后患，解除了对袁绍作战的后顾之忧。

孙策在江东创立了基业，当他得知曹操与袁绍在官渡鏖战，也想要进攻曹操。曹操问及郭嘉时，郭嘉说："孙策刚平定江东六郡，杀了许多英雄豪杰，这些豪杰的部下一定会替他们报仇。孙策为人轻浮，缺少戒备，虽拥兵百万，但凝聚力不强，如果遇到战争，他一定十分孤立。

我认为，他一定会被人行刺而死，大家不必忧虑。"

众人听到郭嘉这么说，都将信将疑。

过了不久，孙策在外出打猎时果然被仇人杀死。孙策的死讯传到曹营，人们想起郭嘉先前说的话，都钦佩他料事如神。

官渡之战后，袁绍身亡，他的几个儿子因争权夺位而明争暗斗。郭嘉随曹操进军黎阳，征讨袁谭、袁尚。曹军连战连胜，袁氏兄弟退守邺城。曹军众将都想乘胜再战，一举平定冀州，郭嘉却建议停止进攻，撤军南征刘表。

曹操不解，问他为什么要这样时，郭嘉回答说："袁尚与袁谭势力相当。审配、逢纪辅佐袁尚，辛评、郭图为袁谭献策，他们两个一直在争权夺利。如果我们继续进攻，会迫使他们联合起来对付我们；现在我们不去理他，他们肯定又会互相争斗，发生火并。所以，我们不如大军南下，佯攻刘表，以观其变。二虎相斗，必有一伤。等他们自相残杀，力量消耗之后，我们再出兵攻打，那时，平定冀州易如反掌。"

众人都认为郭嘉见解独到，分析精辟，所以这一次还是采纳了他的意见。

很快，袁氏兄弟真的因为争夺冀州而大打出手，兵戎相见。曹操趁机平定了冀州，巩固了这一地区的统治。

207年2月，曹操远征乌桓三郡。众将都担心刘表会乘虚攻击许都，不同意出兵远征。郭嘉力排众议，分析了荆州的形势，认为刘表不会出兵。

郭嘉说："乌桓地处偏僻，警惕性肯定不高。我们乘其不备，突然袭击，一定可以取胜。青、冀、幽、并四州受袁绍的影响很大，如果我们南征，袁尚一定会伺机反攻。而刘表对刘备心怀戒备，不会有太大的作为，我们根本不用担心他。"

曹操认为郭嘉分析得很有道理，便率军远征乌桓，郭嘉随军谋划方略。

当年五月，大军到达易县（今河北雄县西北），郭嘉对曹操说："兵贵神速，而我军车马辎粮太多，会导致行动迟缓，难以把握有利战机。况且乌桓闻讯，必定会有防备。现在应该留下这些车马辎粮，轻装前进，出其不意，攻其不备，方可取胜。"

于是，曹军留下车马辎粮，轻装前进，到达无终（今天津市蓟县）。在向导的带领下，抄小路登上徐无山（今河北玉田县东北），越过卢龙塞（今河北喜峰口一带），跨过白檀（今河北滦平县东北），经过平冈（今河北平泉县），直指乌桓大本营柳城（今辽宁朝阳市南）。

乌桓军队仓促应战，阵容不整，被曹军打得落花流水，有20多万人投降。袁尚、袁熙又逃往辽东。不久，辽东太守公孙康将袁尚、袁熙杀死，把首级送给曹操。曹军大获全胜，从柳城班师，返回了中原。

207年，郭嘉随曹操远征乌桓归来后，因为征途劳顿，操劳过度而卧病不起。曹操亲临探望，关怀备至。不久，这位才华横溢、风华正茂的谋士与世长辞，年仅38岁。

曹操听闻郭嘉的死讯后，极为悲痛，亲自临丧。他对郭嘉早逝十分惋惜和伤感，"上为朝廷惜悼良臣，下自悔恨丧失奇佐"，并从内心深处发出"哀哉奉孝！痛哉奉孝！惜哉奉孝！"的悲叹。

此时正值曹操踌躇满志、意欲一统天下之时，急需像郭嘉这样运筹帷幄、决胜千里的谋臣，而郭嘉在此时离他而去，这对他的雄心伟业不啻是一个沉重的打击。

后来的赤壁之战，也成了曹操戎马一生中最大的军事败笔。当时郭嘉已经逝去，难怪曹操慨叹："郭嘉要是能活到今天，我怎会落得如此下场！"

■故事感悟

根据敌将帅的性格弱点施计用谋，常可战而胜之。在军事战争中，这种智慧被称为"夺心乱谋法"。要想运用这种智慧，必须要像郭嘉那样，熟知对方将帅的性格。我国古代的军事家们早就总结出了"知敌知众，莫如知敌将之性"的宝贵经验，孙子兵法"知己知彼"中的"知彼"也是同样的道理。郭嘉把这种智慧发挥得淋漓尽致，不愧是曹营的第一智佐。

■史海撷英

曹操与郭嘉的君臣之谊

曹操的众多谋士中，只有郭嘉最了解他，犹如朋友一般。据记载，郭嘉从征11年，和曹操行则同车，坐则同席。郭嘉有负俗之讥，行事不拘常理，治书侍御史陈群以"不治行检"多次廷诉郭嘉。曹操虽然赞扬陈群检举有功，却也没有问罪郭嘉，反而对他更加赏识。

郭嘉是幸运的，只有曹操这样雄才大略的明主才能容忍他的为人处世，将他收为己用甚至引为知己。曹郭君臣相知，堪称完美搭档。每当遇到军国大事，曹操都要询问郭嘉的意见。郭嘉也多次力排众议为曹操谋划，战局的发展也证明两人的眼光独到而准确。

曹操对比他小15岁的郭嘉寄予厚望，打算以后事相托，可惜天不遂人愿，郭嘉早逝，留下曹操在孤独和坎坷中走完未竟的霸业之路。曹操以

"平定天下，谋功为高"奏请朝廷追封郭嘉的食邑至千户，在悼词中自称"悔恨丧失奇佐"，在私人书信中感叹："奉孝乃知孤者也，天下人相知者少，又以此痛惜。奈何奈何！"郭嘉死后，所向披靡的曹军风光不再，战绩乏善可陈。

208年，赤壁之战留下天下三分的无奈结局，曹操仰天长叹："郭奉孝在，不使孤至此！惜哉奉孝！痛哉奉孝！哀哉奉孝！"